零基础轻松学

象棋入门

何左峰　主编

U0319468

化学工业出版社

·北京·

图书在版编目（CIP）数据

象棋入门 / 何左峰主编. —北京：化学工业出版
社，2022.10
（零基础轻松学）
ISBN 978-7-122-41808-1

Ⅰ.①象… Ⅱ.①何… Ⅲ.①中国象棋–基本知识
Ⅳ.①G891.2

中国版本图书馆CIP数据核字（2022）第115177号

责任编辑：宋　薇　　　　　　　　　责任校对：边　涛

出版发行：化学工业出版社（北京市东城区青年湖南街13号　邮政编码100011）
印　　装：大厂聚鑫印刷有限责任公司
710mm×1000mm 1/16　印张13　字数200千字　　2023 年 1 月北京第1版第1次印刷

购书咨询：010-64518888　　　　　　售后服务：010-64518899
网　　址：http:// www.cip.com.cn
凡购买本书，如有缺损质量问题，本社销售中心负责调换。

定　　价：58.00元　　　　　　　　　　　　　　版权所有　违者必究

序

　　"零基础轻松学"丛书包含围棋、象棋、国际象棋、五子棋等多个分册，内容的选取以棋牌爱好者喜闻乐见的休闲益智项目为主。这套丛书的作者云集了在体校和少年宫从教几十年的金牌教练，从事和研究智力运动的专职体育工作者、教育工作者和资深编辑。他们将自身丰富的专业经验，融入"零基础轻松学"丛书的写作中。

　　对于棋牌类各项目的初学者，能由一本指引性好的图书领进门，更有利于后续发展。本丛书注重讲解基础知识，尤其重视基本功训练，目的无非是让爱好者在向更高阶迈进之前先打下牢固的基础。在写法上则追求启发式，沿着由浅入深、以点带面的线索，举一反三，鼓励独立思考。

　　智力运动可以培养孩子的专注力和自控力，有助于他们脑力发育和快乐成长；对成年人来说，增加一项业余爱好也绝对有益，在修身养性的同时养成正确判断、沉着冷静的好习惯。特别是在当下教育改革推动学业减负之时，对学生综合素质的培养和提升提出了更高的要求，如果忽视了这一点则孩子间的差距可能会越来越大。

　　棋如人生。在一盘棋中，关键的一步下错了，往往导致满盘皆输。人生也一样，经常是那紧要的一两步起了决定性作用。起点虽决定不了终点，但已足以影响一生。

范孙操

前　言

　　象棋是中国传统棋类益智游戏，用具简单，规则简明易懂，可以开发孩子智力，培养成年人商战意识，帮助老年人修身养性。下象棋要时刻根据盘面形势的变化而调整应对，想在错综复杂的局面中迅速找出头绪，需要下棋人不断提高形象思维能力、逻辑推理能力、计算力。

　　这本《象棋入门》是为零基础象棋爱好者而写的，全书特点是不搞"高深""玄奥""精尖"，用7章篇幅分别讲解初识象棋、初登战场、攻王百招、排兵布阵、实用残局、战术与技巧和复盘。全书以问答式趣题为主，采用启发式教学方法进行讲解。书中棋图大且多，文字少而精，更便于读者就谱学弈。

　　得益于作者多年一线教学经验的积累，书中特别针对初学者尤其是孩子学象棋时经常遇到的难点，设置练习题并做详细解答，使读者可以稳步提升棋力，在楚河汉界两旁的激战中得到知识与快乐。

　　由于水平所限，本书若有不妥之处，诚望棋界人士和广大读者多多指教。

何左峰

目　录

第一章　初识象棋

第一节　棋盘与棋子

两军交战，双方各有一支部队，在一个战场上厮杀较量。

下象棋同两军交战一样，双方也各有一支部队——分别是红黑各十六个棋子，也交战在一个战场——横线、纵线交错的一张棋盘。

古人当初发明象棋，就含有对当时的战争模仿的意味。

让我们摊开棋盘（图1-1）。

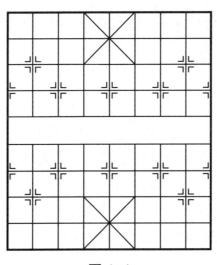

图 1-1

棋盘中间有一条空白，这就是"河界"。

每方阵地后方中央都有一个米字格，称为"九宫"。九宫是双方元帅指挥作战的"中军帐"。

而棋盘上纵九横十的线交叉形成的九十个交点，自然就是双方部队所能驻守的据点了。

再让我们了解棋子。

看，双方部队已在各自阵地上列队完毕，就要开战了（图1-2）。

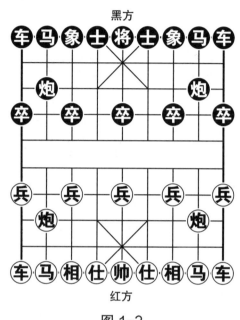

图 1-2

双方各有多少兵力呢？

红方：帅（一个），仕（两个），相（两个），马（两个），车（两个），炮（两个），还有兵（五个），共有七个兵种。

黑方：将（一个），士（两个），象（两个），马（两个），车（两个），炮（两个），还有卒（五个），共有七个兵种。

需要说明一下的是：帅＝将，仕＝士，相＝象，兵＝卒，只是红方黑方写法不同，没有其他意思。

七个兵种中，帅、将分别是双方部队的统帅，其存亡自然成了一局棋胜负的标志。

下起棋来，红方先走，黑方后走，以下红一着、黑一着地轮流走下去，你来我往，厮杀搏斗，双方都是为了在保卫自己统帅安全的前提下"将死"对方的统帅，以取得对局的胜利。

下一个问题是：每种棋子怎么走，怎么去吃对方的棋子，在棋战中又起什么作用呢？

（一）帅（将）：全军的统帅

每着可走一步，向前、向后、向左、向右均可（但不能斜走），所到之处如有对方棋子就吃掉。它的活动范围是在九宫之内。

关于帅（将）有两条特殊规定：第一是不准送吃，这很容易理解。第二是帅与将不准走成直接照面，也就是说，帅与将在同一纵线上时，中间必须隔有至少一个棋子（红黑均可）；若是对方的将（帅）先占据一条前面没有棋子的纵线，你的帅（将）就不准走到这条纵线上来。

下起棋来要注意帅（将）的哪些问题呢？当然要经常注意保卫它——没有它就要输棋呀。还有呢，千万别让帅与将直接照面！

（二）仕（士）：统帅的贴身警卫

每着可依九宫内的斜线走一步（依纵线、横线走不行），遇有对方棋子便可吃掉。仕（士）也不能走出九宫，这同帅（将）是一样的。

从仕（士）的作用容易看出，主要是像贴身警卫一样保卫统帅。每当对方从正面攻击统帅时，仕（士）就可以从统帅的左右一个斜步跨上前去拦挡；若是攻击来自横向呢，它也能斜跨回来行使职责。

（三）相（象）：大步走"田"，巡逻阵地

每着可走"田"字（就是从"田"的一角走向对角），对角上如有对方棋子就吃掉。它的活动范围是不准越过河界。

关于相（象）的特殊规定是："田"的中心若是有一棋子（不论红黑）挡道（称"塞象眼"），它就不能飞过去。

相（象）的主要作用同仕（士）有些相仿，也是防卫。但它基本上是在九宫之外巡逻，因此，虽说距离统帅远了点儿，难以去近身救驾，却不像仕（士）那样有时会不自觉地妨碍统帅行动。

（四）马：满场飞奔，八面威风

每着可走"日"字（就是从"日"的一角走到对角），如遇到对方有子先占对角便可吃掉。马的活动范围没有限制，它可以走到棋盘的任何一个交点上。

关于"马走日"的行进路线有一条规定：先依线走一步再走一斜步；若是依线走一步的交点上有一个棋子（不论红黑）"绊马腿"，马就不能"跳"过去。

马在棋战中的威力可不是仕（士）、相（象）所能比的，它进可攻，退可守，没有固定路线，能踏遍整个棋盘。

不过，马也有弱点，一旦马腿被绊，真是寸步难行。

怎样才能发挥马的威力呢？请大家数一数：马在棋盘中场、边线或角落各能控制几个点？答案自然来。

（五）车：快速灵活，威力第一

每着可依横线、纵线任意走，距离不限，只要不拐弯、不跳子就行。所到之处，如有对方棋子便吃掉。车的活动范围同马一样，可以走到棋盘上的任何地方，不受限制。

车的走法使得车比马速度快，又灵活好使，能横冲直撞，自然威力最大。

（六）炮：隔山打牛一招鲜

每着可依横线、纵线任意走，距离不限，这同车是一样的。但炮的吃子方法却与车完全不同：必须有一个棋子（红黑均可）充当"炮架"，炮隔着炮架才能吃子。炮的活动范围同车、马是一样的，没有限制。

"一招鲜，吃遍天"。别看炮不像车那样让对方棋子见着就害怕，可它隔山打牛的本领却谁也比不了，这使得许多下棋人最喜爱使用它。

（七）兵（卒）：勇往直前　不怕牺牲

在没有渡过河界时，每着只可以向前走一格；但过河到了对方阵地之后，除了向前，也可以向左或向右走一格；任何时候都不能后退。所到之处，如有对方棋子便可吃掉。

比起其他子力来，兵的战斗力似乎谁也不如，它只能一步一步地爬行，像蜗牛似的。可是，小兵（卒）也有它的厉害之处——一旦过了河，见谁拱谁，不怕牺牲，怪不得有人说它是"过河卒子顶车用"呢。

[习题]

【第 1 题】　如图1-3，如果红先，红帅不能吃黑马，但可吃黑炮，而且吃黑炮后黑将还不能吃红炮；如果黑先，黑将先吃掉红炮，红帅就不能吃黑炮了，但红帅反倒可以吃黑马。

——以上说法对不对？

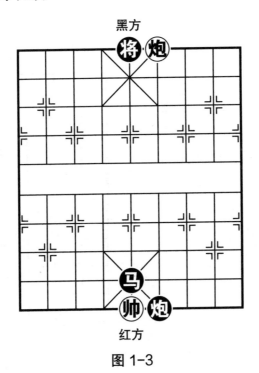

图 1-3

【第2题】 如图1-4，红仕可选吃黑方的车、马或炮，也可以走到A，但不能吃黑卒；黑方走士则只有走到B（称"花心"）这一种选择。

——以上说法对不对？

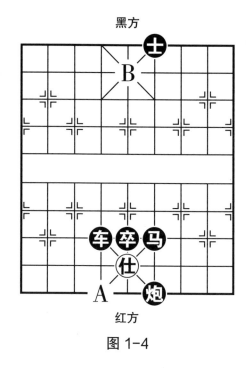

图 1-4

【第3题】 如图1-5，红相可以吃黑卒，也可以走到A或B，但因有一黑马塞象眼，却不能走到C；黑象可以走到D，但因有一黑车自塞象眼，却不能去吃红车。

——以上说法对不对？

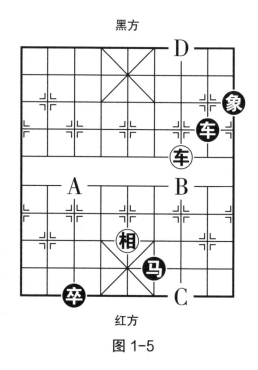

图 1-5

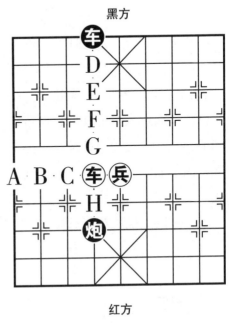

黑方

红方

图 1-6

【第 4 题】 如图1-6，红马可以走到 A 或 B，也可以选择吃掉黑炮或黑象，但因有"绊马腿"的规定，却不可以走到 C 或 D，也不能吃掉黑马、黑车。而黑马呢，走起"日"来却有八个点可以选择（包括吃掉红马），都不绊马腿。

——以上说法对不对？

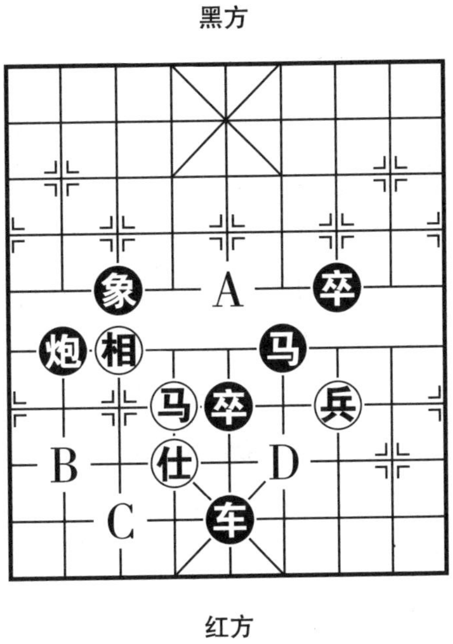

【第 5 题】 如图1-7，红车横向有三种选择（走到 A、B 或 C），纵向有七种选择（走到 D、E、F、G、H，吃黑炮，吃黑车），一共有十种选择。

——以上说法对不对？

黑方

红方

图 1-7

【第 6 题】 如图1-8，红炮横向可以走到 A、B、C、D、E，还可以利用红兵当炮架吃掉黑边卒；纵向可以走到F，还可以吃掉黑象或黑马，共有九种选择。黑炮则只有吃掉红马这一种选择。

——以上说法对不对？

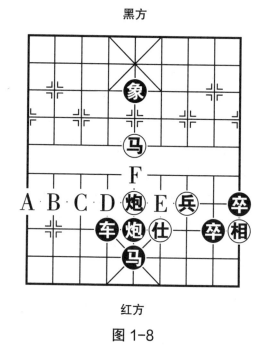

黑方

红方

图 1-8

【第 7 题】 如图1-9，红左兵可以走到 A，右兵可以吃掉黑炮而渡河（下一着便可横走），中兵已渡河而进入对方阵地，便可走到 B 或 C，还可以吃掉黑车。黑卒呢，因前面没有路，只可以走到 D 或吃掉红相。

——以上说法对不对？

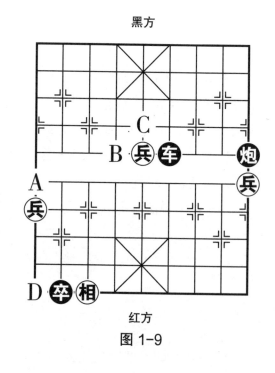

黑方

红方

图 1-9

［解答］

【第 1~7 题】 说法都对。

第二节　看懂棋谱

一、记录方法

棋谱是什么？对于大家来说，就是引导你们下好象棋的书。棋书中是用"炮二平五""马8进7"这种象棋语言来记录象棋棋步的。要是不懂象棋语言，就看不懂棋书，也不能把自己或他人下的棋记录下来。学象棋必须要先学会记录方法。

先让我们看图1-10，这张棋盘比我们下棋用的棋盘多了些数码。这些数码就是来标记棋子所在纵线位置的。

下边是"一至九"，从右到左，用来标记红方棋子。

上边是"1～9"，也是从右到左，用来标记黑方棋子。

一看数码是中文数字还是阿拉伯数字，便知道说的是红方还是黑方。

请注意：红方的右是黑方的左，红方的左是黑方的右。因此，红方的"一"是黑方的"9"，红方的"三"是黑方的"7"，红方的"九"是黑方的"1"，只有红方的"五"才是黑方的"5"，这一点不要搞错。

再让我们看"炮二平五"等记录

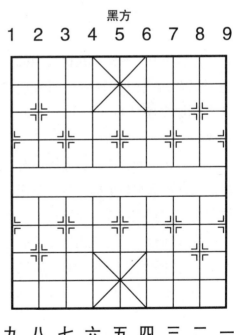

图 1-10

方法的意思。

第一个字（如炮）是要走棋子的名称。

第二个字（一至九或1～9）是这个棋子所在纵线的序号。有了这个序号，像"炮二平五"，我们就知道，红方走的是右炮而不是左炮。

第三个字是这个棋子运行的方向，向前为"进"，向后为"退"，横走为"平"，共有三个方向。

第四个字是用来标明这个棋子所到达的新位置。对于帅（将）、车、炮、兵（卒）这些沿直线走的棋子来说，它们进、退几格就是几，它们横走到哪条纵线上就是哪条纵线的序号。对于仕（士）、相（象）、马这三种斜向走的棋子来说呢，它们不可能"平"而只能斜向进退，它们进退到哪条纵线上就是哪条纵线的序号。

下面举个例子。

这局棋的开始几着棋是这样下的：

红方把右炮摆在当头，准备吃黑中卒，就记作"炮二平五"。

黑方起左马保中卒，就记作"马8进7"。

红黑各走一着棋，在棋战中就是一回合。我们不妨在这两着记录之前加个序号"1"来标志回合数。

在第2个回合中，红方跳起右马，黑方则将左车平移一步，就记作"2.马二进三　车9平8"。

第3回合，红方直出右车，黑方则用左炮过河于红兵旁封住红车，就记作"3.车一平二　炮8进4"。

至此，形成图1-11。读者可以对照一下，看看自己是否初步掌握了记录方法。

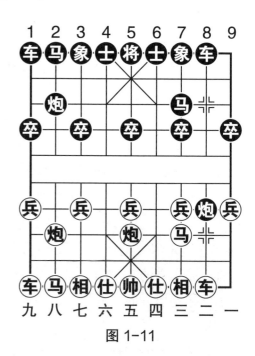

图1-11

这里，还有一点需要说明一下，要是一条纵线上有一方的两个同样的车、马、炮或兵（卒），要走其中一个，怎么记呢？这种情况记成"前车平二""后马进4"，就可以区别开走的是哪一个棋子了。

下面是古局"弃马十三着"的弈战记录。读者可用棋子比照记录摆一摆，使自己对记录方法熟悉起来。

弃马十三着

1. 炮二平五　炮8平5　　2. 马二进三　马8进7

3. 车一进一　车9平8　　4. 车一平六　车8进6

5. 车六进七　马2进1　　6. 车九进一　炮2进7

7. 炮八进五　马7退8　　8. 炮五进四　士6进5

9. 车九平六　将5平6　　10. 前车进一　士5退4

11. 车六平四　炮5平6　　12. 车四进六　将6平5

13. 炮八平五　（图1-12）

红胜。

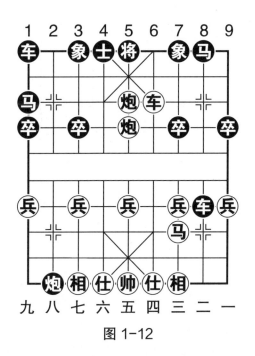

图 1-12

二、棋盘术语

棋谱中有许多专门语言，即术语，可能会一时看不懂，这需要我们逐步掌握。

这里，让我们先学些有关棋盘的术语。

棋盘术语说的是棋盘的每一条纵线、横线及每个要点都叫什么名称（如图1-13）。

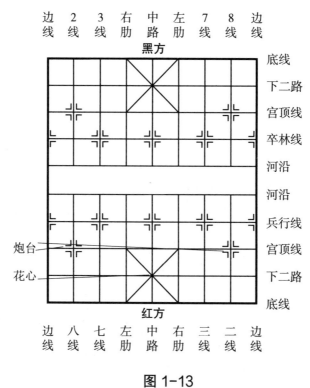

图 1-13

棋盘术语很有用，可以用来说明某个棋子占领哪条要线、哪个要点。

【中路】　棋盘上的第五（5）条纵线。因双方元帅在此线，此线有关元帅安危，也就是说有关一局棋的胜负，故有"生命线"之称。中路往往是双方必争之线。像摆中炮、起马保中卒、补中象、补士这些着法都反映了双方在中路的争夺。

【肋道】 分左肋、右肋，棋盘上的第四（6）、第六（4）条纵线。此二线紧挨中路，好像人的两肋，故称"肋道"。由于中路有兵、卒等子，又有士、象的联防，不便于车的出击，肋道往往成为双方的车抢占的要线。

【河沿】 河界两旁的横线，分红方河沿和黑方河沿，是双方阵地的前沿。双方经常要用车、炮守卫己方河沿（分别称"巡河车"和"巡河炮"）。

【兵行线】【卒林线】 兵（卒）所在的横线。双方经常用车侵扰对方此线，以便平车吃卒（兵）压住对方马头，威胁对方的马。

【下二路】 也称"次底线"。双方最下边的第二条横线。利用对方的下二路进攻对方元帅是常见的手段。

【花心】 米字格的中心。这个位置很重要，一旦被对方占据，己方的帅（将）就有危险。

【炮台】 炮的原始位置。

让我们通过曾经见过的古局"弃马十三着"来熟悉棋盘术语。

1. 炮二平五　炮8平5

这叫"顺炮"。在中路争夺中，双方互不相让。

2. 马二进三　马8进7

起马守卫中兵（中卒），叫"正马"。正马比"边马"（如马二进一）对保卫中路有利。

3. 车一进一　车9平8（图1-14）

形成"顺炮横车对直车"。红方走横车的目的是占肋道，以车配合中炮进攻。黑方接走直车比横车好，因为红车总要抢先占据最重要的肋道，

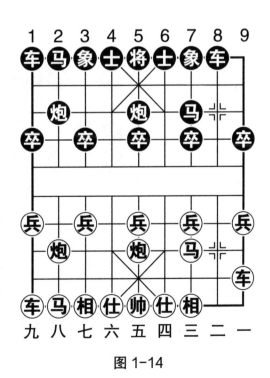

图1-14

13

黑方若也走横车只能"捡剩"，容易吃亏。

4.车一平六　车8进6

红车占左肋比占右肋好。好在子力集中在黑方一侧，比分在两侧有力量。

黑方此时伸车红方兵行线，企图车8平7吃兵压马。可改走车8进4巡河，利用河沿防守。

5.车六进七　马2进1

红方进车黑方下二路，准备车六平八压马，让黑方"半身不遂"。

黑马奔边线，成边马。边马不利于保卫中路。黑方可改走马2进3，成双马保中卒，中路才稳固。

6.车九进一（图1-15）　炮2进7

红方发觉黑方只有一匹马保卫中卒，中路有些薄弱，打起了主意：要是把黑方左马赶走，不就可以炮轰中卒，发动中路攻势，攻杀黑老将了吗？可是，有什么办法可以把黑左马赶走呢……有了！只要把黑右炮引开，换上红炮，就能达到这个目的！

于是，红方又起左横车，一方面引诱黑炮来吃马，另一方面也加强进攻力量。

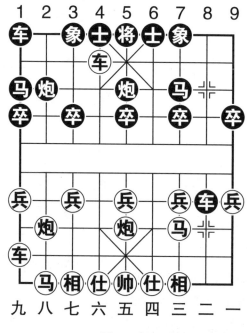

图 1-15

如图1-16，黑接走进炮吃红马，正中红计。黑应走士6进5巩固中路防守，以后再走炮2平4，争取把右车开出来。

7. 炮八进五　马7退8

红乘机进炮到黑炮台攻黑马。

黑马被迫退回底线原来位置，等于没走棋，让红方多走两步棋。更严重的是，中卒这一关口无人来把守了。

8. 炮五进四　士6进5

红方乘黑方中路空虚炮轰中卒。

黑方只得补士。若是改走炮5平3，红中炮成"空头炮"，红再走车九平六，用双车夺士，黑方输得更快。

9. 车九平六　将5平6（图1-16）

红双车占一肋，成"棍儿车"，很有力量。下一步就要前车进一杀士将死黑方了。黑老将只得外逃。

10. 前车进一　士5退4

红方弃车杀士，发动总攻。

黑以士去车，不知红有杀着。还不如改走将6进1，可以多活一会儿。

11. 车六平四　炮5平6

红车从左肋转至右肋迎面照将。

黑老将回不去中路，先送一个炮给红车吃。

12. 车四进六　将6平5

13. 炮八平五

重炮杀！

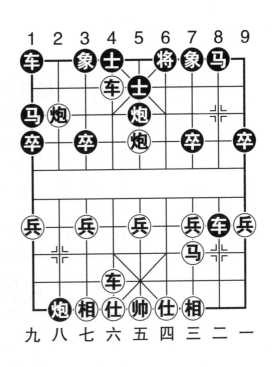

图 1-16

第三节　胜负与和棋

关于一局棋的胜负与和棋，《象棋竞赛规则》中有许多条规定，知道了可以避免比赛中的纠纷。我们初学象棋，应该先了解其中一些常识性的规定。

一、胜负

（1）帅（将）被对方追杀得无路可逃，即被"将死"，一局棋的胜负便见分晓。

如图1-17，若轮到红方走棋，走车五进七吃炮，黑方就输了；若轮到黑方走棋呢，黑可走马8退6，红帅被"将军"，不可避免地要同黑老将直接照面，而这是棋规不允许的，红方就被"将死"了。

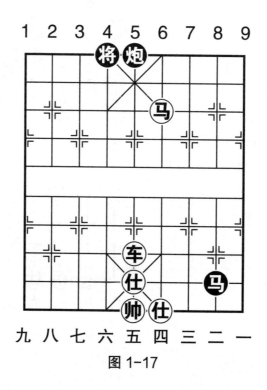

图 1-17

（2）轮到走棋的一方无子可动，叫"困毙"，算输棋。

如图1-18，现轮到黑方走棋。黑老将一动就送吃；黑士呢，一动就帅将照面。黑无子可动，这是困毙的情况。

（3）自杀算输棋。一方行棋后形成帅、将直接对面，或主动送吃帅（将），或在被"将军"时误走他子而没有"应将"，这些听任对方吃帅（将）的行为均属"自杀"。

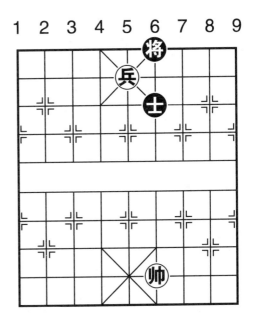

图 1-18

如图1-19，红车兵正同黑车炮激战，轮红走棋。于是红车一进二照将，准备黑一走老将便冲兵将军连杀黑方。不想黑不逃老将，却来了个车7退9阻拦。红方当即毫不客气走车一平三斩杀黑车……"哎呀呀，高兴太早，不好了！"原来，红只顾用车在前线抢功，却不防后方黑炮正轰击己方元帅！

这局棋红不"应将"算红"自杀"，黑胜。

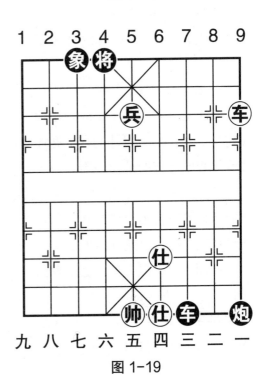

图 1-19

（4）单方走棋违反禁例，应当变着而不变，算输棋。

如图1-20，红方见黑方下一步要走车3进1将死自己，就想了一个"长将不死赖和棋"的歪主意：

车一退一　将6退1

车一进一　将6进1

车一退一　将6退1

车一进一　将6进1

车一退一　将6退1

"你怎么不上将呀？"老师在旁听见了，会告诉他："上将不上将是黑方的自由，你没有权力管。你无故提问，记'犯规'一次。如果你再打将，算你输棋。"

"违反禁例"都包括哪些走法呢？

一般来说，就是单方循环往复地将杀对方将（帅），或者用帅（将）、兵（卒）以外的棋子循环往复地捉吃对方的子，等等。

（5）一方见棋局大势已去，没有任何希望，迟早要被将死，乃主动认输，胜负也就分出来了。

如图1-21，黑方见自己子力已被困住，红边兵即将长驱直入，直至拱士将死黑老将，没有其他变化，所以宣布认输，免得浪费时间。

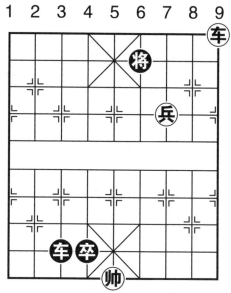

图 1-20

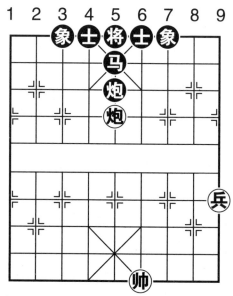

图 1-21

二、和棋

（1）一方提议作和，另一方表示同意，作和。

（2）双方弈成均无取胜可能的简单局势（如图1-22），作和。

（3）双方走棋出现三次循环，局面还原，而且走法符合规定，作和。

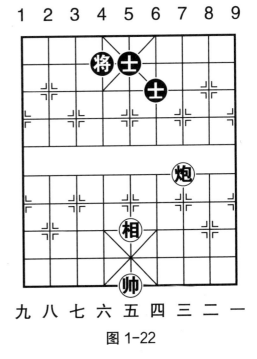

图 1-22

三、摸子走子

需要强调一下，在象棋对局中，尤其在初学者的对局中，还有一个问题与胜负有关，这就是"摸子走子"。

（1）摸自己的哪个棋子，就应该走哪个棋子，除非这个棋子不能动，才可以走别的棋子（但要记犯规一次）。摸对方哪个棋子，就必须吃它，只有当无法吃时，才可以另行走子（也要记犯规一次）。

（2）摆正棋子只能在轮到自己走棋时进行，并且要事先告知对方："我摆正棋子。"

"'摸子走子'跟胜负有关系吗？"

当然有啦！摸了你不愿意走的棋子，输棋后悔都来不及。此外，规则中还有一条："犯规三次算输棋。"

有些初学者，下棋时总爱把手放在棋盘上，摸摸这个棋子，动动那个棋子，这是坏毛病。希望下棋时，大家都把手收回，不想好棋，手一定不伸。

第四节 阅"兵"

一、七个兵种各显身手

象棋七个兵种走法各不相同，特点、作用和用法自然也不相同。只有了解它们，才能发挥自己每个棋子的长处，打漂亮仗。

（一）帅（将）

大家知道，帅（将）是全军统帅，一旦被将死，不管你有多少棋子，一盘棋就结束了。因此，它的安危是最重要的。要是下棋时不注意对方在攻杀你的老将，不输才怪。

帅（将）在对局时是不能无缘无故走动的，但运用元帅助攻的战术也不能忽视。

如图1-23，黑车正捉红炮，红方怎么办？

不必管它。只要走帅五平四，准备下着走马二进三"将军"时，叫黑老将出不了门，黑即无法挽救。

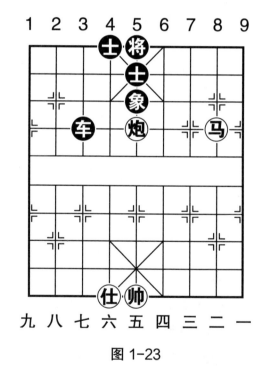

图 1-23

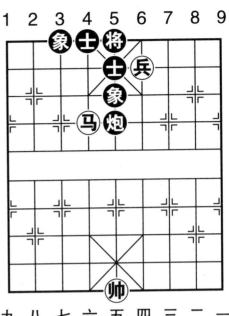

图 1-24

（二）仕（士）

用仕（士）可以挡住对方车、炮的进攻，也可用于防止对方马的进攻。

如图1-24，红要走马六进七将死黑老将，黑怎么办？黑可走士5进4绊马腿，这叫"支起羊角士，不怕马来攻"。

（三）相（象）

将两个相（象）连在一起，称"连相"（连象），通常最能发挥相（象）的防守作用。

如图1-25，红下一步就要走车二进五捉死黑底象了。黑必须把边象赶紧飞回"连象"：象1退3，车二进五，象3进5，红方没辙了。

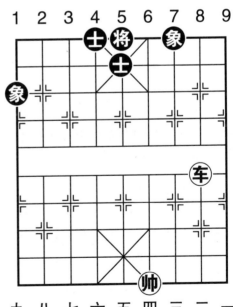

图 1-25

（四）马

马"八面威风"的长处怎样才能发挥呢?

请看图1-26，红有一匹马，黑有两匹马，但红的一匹马比黑的两匹马都厉害。这是因为，红马能控制棋盘的中心区域（就像足球比赛中的中场）；而黑马呢，都在边角，其中一匹还被红车堵在家里。看到这里，大家就知道，马跳到哪里好了。

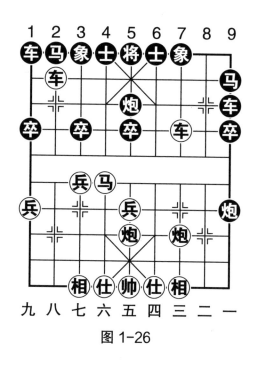

图 1-26

（五）车

车威力最大，最好使。可是有的人下起棋来偏偏忘记出车，这不好。还有的人把车走到暗处，结果车发挥不了作用。

如图1-27，刚才红走了一步兵三进一（坏棋），就把车闷在暗处了，于是炮2平8，车二平一，卒9进1，红车还没来得及冲杀，就死了。

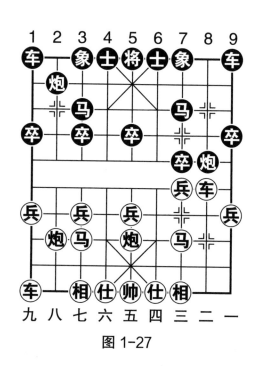

图 1-27

（六）炮

很多下棋人都爱使炮，可是别忘了，炮在后边才有力。炮要是不顾一切到对方阵地去贪吃，说不定就会被俘虏了。

如图1-28，黑获胜的方法是：先退回炮，用炮吃掉一个或两个红边兵，再用小卒冲锋。但黑却走炮2平4贪吃一仕，结果帅五平六，炮4平5，帅六平五，炮5平4，帅五平六……黑炮回不了家，只能成为和局。

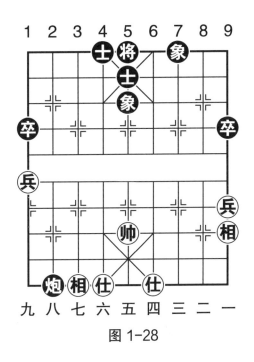

图 1-28

（七）兵（卒）

兵（卒）过了河当然厉害，但在过河之前往往起到绊自己马腿的不好作用。对局中，双方为了活马，往往形成互进三七兵（7、3卒）的局面（如图1-29）。

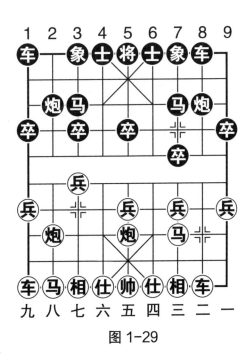

图 1-29

[习题]

【第1题】 如图1-30，双方各有一马，红先。你若执红棋，能运帅助攻，吃掉黑马吗？

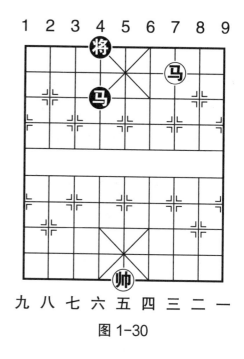

图 1-30

【第2题】 如图1-31，这是两个初学者下的棋：红摆中炮，黑应顺炮，红炮轰中卒"将军"，现轮到黑走棋。黑想走炮5进4也轰红中兵，对不对？

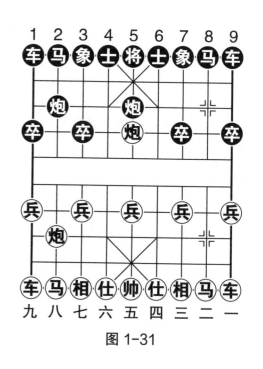

图 1-31

【第3题】　如图1-32，红以车马单仕相对黑车炮卒士象全，轮红走棋。若是黑车在其他直线上，红走马二进三就将死黑方了，但黑车正把守7路线，红该怎么办？

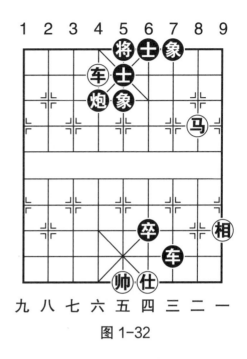

图 1-32

【第4题】　如图1-33，红以马兵对黑炮卒士象全，红先。你能运马取胜吗？

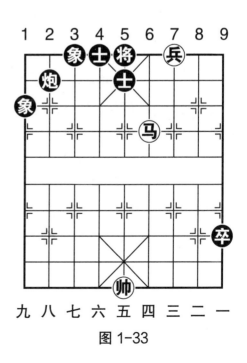

图 1-33

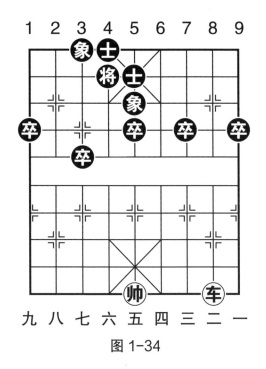

图 1-34

【第 5 题】 请结合图1-34及红进攻着法说明棋谚"一车十子寒"。

车二进七　将4进1

车二退三　将4退1

车二平八　象5进7

车八进五　象3进1

车八退一　将4进1

车八退一　将4退1

车八平九

【第 6 题】 如图1-35，红以一炮对黑双士，红先。你能发现红取胜的巧妙着法吗？

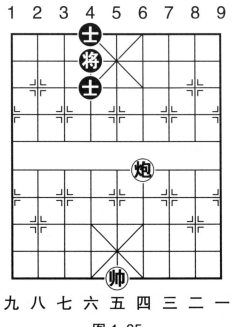

图 1-35

【第 7 题】　如图1-36，红先胜。此题考你用兵的能力。

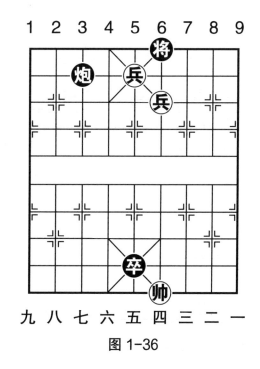

图 1-36

[解答]

【第 1 题】　帅五平六拴马，再马三退四捉死马。

【第 2 题】　如走炮5进4，红会走炮五退二，黑离输棋就不远了。此时黑应走士4进5加强中路防卫。

【第 3 题】　走相一进三隔断车路。

【第 4 题】　马的行进路线是：进六，退八，进七，退六，进四（红胜）。

【第 5 题】　红车威力极大，众多黑棋子不是对手，谁见都胆寒。

【第 6 题】　炮四进四（困毙黑方）。

【第 7 题】　兵五平四，将6平5，后兵平五，炮3进8，兵四平五（切勿走兵五进一，因将5平4，兵四进一，炮3退9，红无法取胜），将5平4，后兵平六（红胜）。

二、棋子的价值

象棋七个兵种，谁的本领大，谁的本领小？

随着学棋者对这个问题的了解，兑换子力时出现的用车换马、用炮换相（象）的赔本现象已很少见了。但是，用一个本领大的究竟兑换几个本领小的才不赔呢？例如，用一个车兑换几个马、炮、兵才合算？新的问题又提出来了。

有经验的棋手曾根据每种棋子的最多控制点列出一张"棋子价值表"供我们使用。

棋子价值表

兵种		最多控制点	分值
兵（卒）	未过河	1	1
	已过河	3	2
仕（士）		4	2
相（象）		4	2
马		8	4
炮		15	4.5
车		17	9
帅（将）		4	—

注：帅（将）价值自然最高，但因不能兑换，故不列分值。

从这张表中，我们可以看出：

车、炮、马这三个兵种价值较高。其中，车的价值最高，等于两个炮，略高于一马一炮，高于双马；而一炮略高于一马。仕（士）、相（象）、兵（卒）这三个兵种则价值较低。

如图1-37，有个初学者下棋第一步就走用炮换马，这种兑换值不值？

根据"棋子价值表"，我们知道：不值。当然，实际上若从全盘局势来分析，更不值。你看，兑换之后红其他子力原封未动，而黑车吃炮后又从角落走出来，红方吃多大的亏呀！

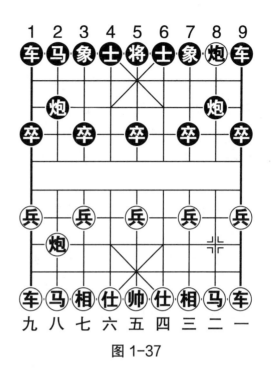

图 1-37

是不是凡是用炮兑马都不值呢？那倒不是。

如图1-38，轮红走棋。红正确的选择就是后炮进五兑马，以下炮6平3去炮，马三进四，红接有马四进五吃卒和马四进六两条进攻路线，形势乐观。

试问，红若不走以炮兑马，哪有马三进四的攻势（黑将炮6进7吃车）？

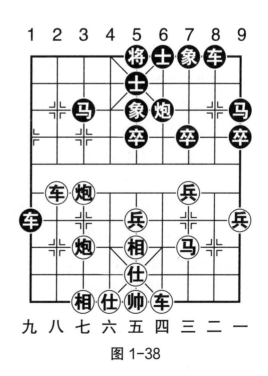

图 1-38

如图1-39，这是"顺炮直车对横车"形成的局面。如果接走车三进一吃马，则炮5进4，马三进五吃炮，炮2平7吃车，马五进四，炮7平5……

这样用一车换取黑方马炮，值吗？

大家都能看出来：不值。因为红车9分；黑马4分，黑炮4.5分，红亏了0.5分。

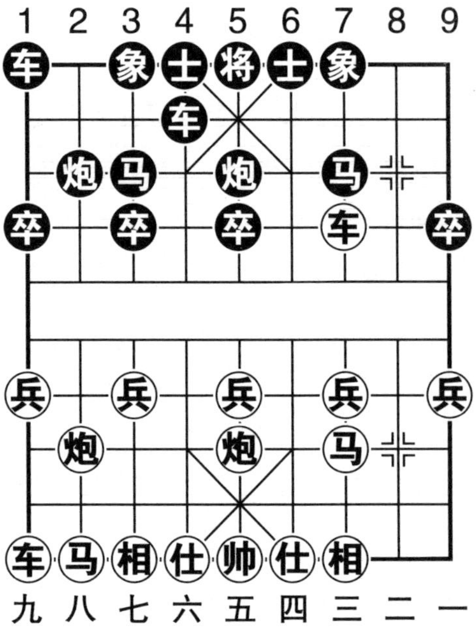

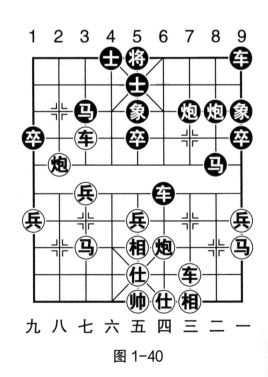

图 1-39

让我们看图1-40，红先。你能找出最好的着法吗？请看：

车三进六（吃炮）

马8退7（去车）

车七进一（吃马）

红以一车换马炮，似乎吃了一点儿亏，却使黑右翼空虚，而红接有炮八进四进攻手段，红由此占优。这种战术叫"一车搏双"。

图 1-40

看来，"棋子价值表"的作用是让我们了解各兵种在一般情况下的战斗力对比，使我们在兵力兑换时心里有底，不至于吃了亏还蒙在鼓里。但在实际对局中呢，有许多特定情况会造成棋子价值起变动，我们切不可以用这张"棋子价值表"生搬硬套！

三、子力术语

随着我们对棋子性能和价值的了解，我们应该掌握一些与此有关的象棋术语了。

【子】 也称子力。通常指车、马、炮这三个价值较高的子，而以马、炮为单位算一子，车则等于二子。也有人管车、马、炮叫大子或强子，以区别于价值较低、能力较弱的仕（士）、相（象）、兵（卒）。

【得子】 在对局中吃掉对方一马（或一炮），或者以一马（或一炮）换来一车，或者以一车换来一炮双马（或双炮一马）。

【失子】 相对于得子。

【多子】 比对方多一子的局面。

【少子】 相对于多子。

如图1-41，双方六强子俱在，轮红走棋。红若走马四进六去马，则车3平4拴住，红不得子。但红可走车三进一去炮，则象5进7，车六进四，炮2进2，车六平四，成红一车双马双炮对黑双车一炮，红获多子局面。

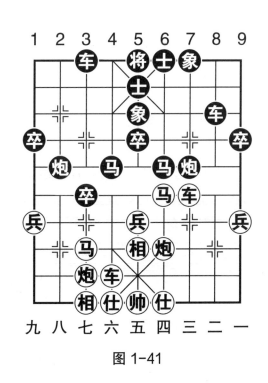

图1-41

【明车】 处于明处，易发挥威力的车。

【暗车】 相对于明车。

如图1-42，红二路车为明车，七路车为暗车，而黑两个车都是明车。轮红走，红可走马七退六，用暗车去兑黑明车；黑则可应车 3 平 2，保留以明车对暗车的局部之优。

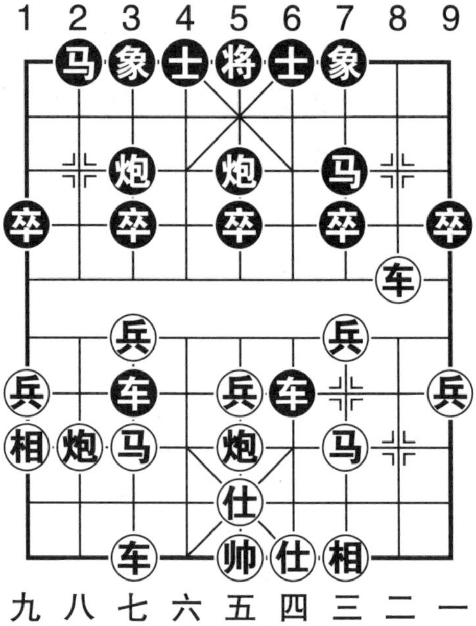

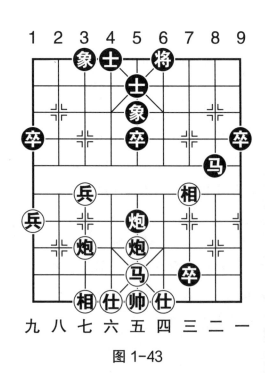

图 1-42

【长腿】 炮的绰号。因炮速度快，故名。

【短腿】 马的绰号。因马速度慢，故名。

【窝心马】 跳至己方元帅之前花心的马。因窝心马阻碍己方补士，又堵住老将出路，故棋谚有"马跳窝心，老将发晕"之说。但现代棋局也多见利用马跳窝心来转移马的战术。

如图1-43，红虽多子，但窝心马被镇住，多子不如少子，只能坐以待毙。

图 1-43

如图1-44，黑车正捉红马，红可马七退五跳窝心（黑不敢走炮5进4，因红有马四进六，以下车3平4，马六退五，车4平5，黑车被拴），再马五进三结连环马，使受制的马走活。

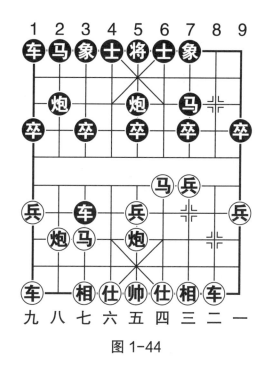

图 1-44

【担子炮】 两个炮协作互保的方式。因形似一个人挑担子，故名。

如图1-45，当黑车7平8，红可炮三平二，以下车8平4，炮七平六，黑车无法突破担子炮的防线，和局。

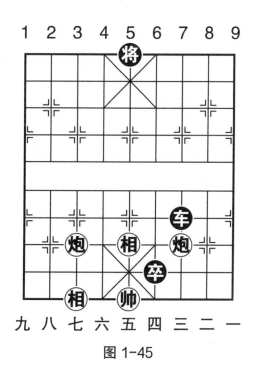

图 1-45

【背补士】 背对对方进攻子力（主要是车）补士的方法。

如图1-46，黑刚刚走的士6进5即背补士。

【正补士】 相对于背补士。

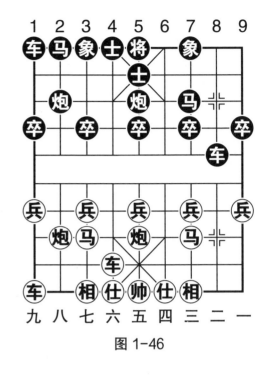

图 1-46

【兄弟兵】 两兵过河后联手互保的形式。

如图1-47，红炮双兵对黑单车，红两兵已连成兄弟兵，黑车拿它们毫无办法，和局。

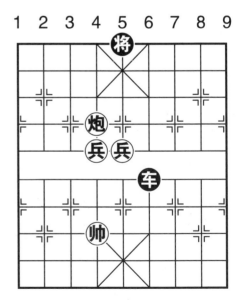

图 1-47

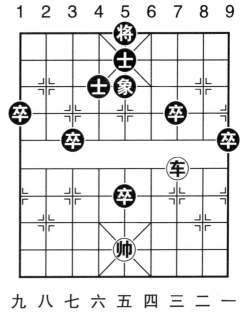

图 1-48

【豆腐卒】 既缺乏保护，互相又没有联系，因而无战斗力的卒。

如图1-48，红一车对黑五卒单缺象，黑卒虽然众多，却是豆腐卒，经不住红车扫荡，黑败局已定。

附：着法术语

【着法】 即走一步棋。着法在战术中可分为：正着、官着、妙着、巧着、佳着、紧着、停着、诱着、冷着、杀着、错着、漏着、软着、空着、劣着、败着等。

【正着】 正确的着法。

【佳着】 好棋。有时用"！"表示。

【空着】 没有用的着法。也叫"废棋"。

【劣着】 坏棋。有时用"？"表示。

【败着】 导致失败的坏棋。

第二章 初登战场

第一节 从出子到布阵

开盘第一着，初学者大都走中炮，从中路发动进攻，这没错，许多象棋高手也这么下。但紧接着，五花八门、优劣杂陈的种种走子方法便会出现。初学者需要出子与布阵的知识。

一、出子纠错

例1

1.炮二平五　炮8平5

2.炮五进四？

红方估计黑还会接走炮5进4，于是炮五退二……红好再赢一盘。不想黑方吸取教训了：

2.…………　士4进5

3.马二进三　马8进7

4.炮五退二　车9平8

如图2-1，请问：为什么红方先走的棋，黑车却抢先开出来了，而红方想出直车反倒不行了？

原来，四个回合中，红四步棋只走了炮、马两个子，其中一个炮走了三步

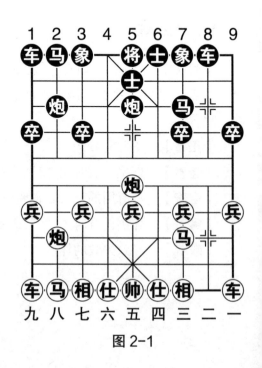

图 2-1

棋，耽误了第一主力——车的出动。

反观黑方，四步棋走四个棋子，尽管失一中卒，但中路补厚了，车也先出来了。

总之，黑方占了便宜。

请初学者记住，面对顺炮，以后不要炮打中卒了，应该尽快跳马出车。

例2

1.炮二平五　马8进7

2.炮八进四？（图2-2）

红见一个炮夺不去黑中卒，马上加一个炮去夺，好不好？

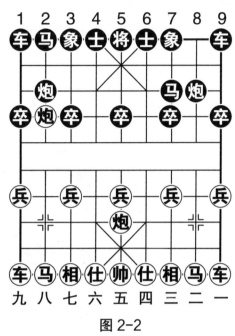

图2-2

不好。因为黑会接走马2进3，红非但达不到目的，而且左炮还与其他子力失去联系。

请初学者再不要一开盘就把大炮拉到对方阵地去了。进攻敌人，应该车、马在前，炮在后面掩护才对。

例3

1.炮二平五　马8进7

2.炮八退一？马2进3

3.炮八平五（图2-3）

执红棋的一方用的是什么"战术"呢？

"我的战术叫直对黑老将猛攻中路！"

红方这个想法看似有道理，实则行不通。因为黑可用双士双象巩固中

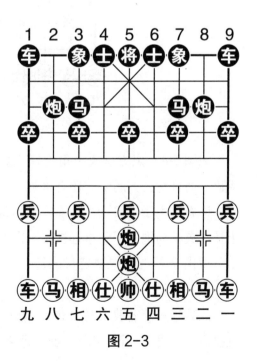

图2-3

路，红双炮若没有车马配合，根本攻不动；而红三步棋只走了两个炮，车马的出动肯定落后于黑方。红方这种走法好似一个人捆着双手，伸脖闭眼向前猛冲的样子，算不得什么"战术"。

红方应该尽快跳马出车，以配合中炮进攻。

例4

1.炮二平五 马8进7 2.马二进三 车9平8 3.车一平二 炮2平4？
（图2-4）

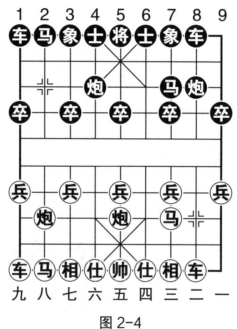

图2-4

如图2-4，黑方这着士角炮好不好？不好。这种士角炮不但对红方无任何威胁，而且对己方的防守还有害呢。

请看，由于炮平士角，右马便因绊马腿而不能保中卒，只有左马保中卒，于是左翼车马炮三子便永远被红一车牵制——兑车就要丢中卒呀！

现由于黑士角炮缺乏目的性，红可在右车过河压住黑炮后从中路发动攻势，黑方不易防守。

黑方这一着若改走马2进1或炮2平3，阵势也不好，道理是同样的。黑宜改走马2进3、卒7进1、炮8进4或炮2平5等着法，成正规阵势。

二、布阵初学

下过几盘棋，初学者的兴趣便会从关注如何出子进步到寻求布置一个利攻利守的好阵势。下面两个阵势，不仅为象棋高手们频繁应用，也是初学者应知应会的。

（一）顺炮

1.炮二平五　炮8平5　2.马二进三　马8进7（图2-5）

红摆中炮，黑则把来自同一方向的炮也摆在中路，称"顺炮"。

随着双方各自启动一马（图2-5），红要优先选择出车的方式。

红若选择车一平二直出（不让黑走车9平8），黑便会接走车9进1横出（准备占领一肋道），成"顺炮直车对横车"对垒形式。

反之，红若选择车一进一，（准备占领一肋道），黑便会接走车9平8（黑不会走车9进1去"捡剩"的），成"顺炮横车对直车"对垒形式。

顺炮局的特点是：双方着法以刚性为主，相互以刚克刚，变化复杂，激战难免。

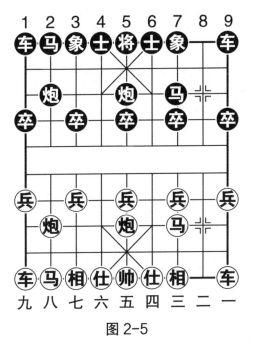

图2-5

（二）中炮对屏风马

1.炮二平五　马8进7　2.马二进三　车9平8
3.车一平二　马2进3（图2-6）

本局红摆中炮，从中路取势。

黑启动双马，状如屏风，共同拱卫中卒要地。其着法特点是：守中伏攻，绵里藏针，以柔克刚，刚柔并济。

中炮对屏风马，炮马争雄，变化繁多，体系庞大，双方争斗多种多样，层出不穷，历来被公认为是最正统、最合理的攻防模式。当今象棋高手，每逢红走中炮，黑大都以屏风马相应。

如图2-6，红不必为车、炮的开拔出击而担忧，二者本来就雷厉风行，说干就干，无须动员便冲锋在前；值得红留意的却是马的问题：马速度偏慢，且常遭绊腿，可不能让咱们的马老弟掉队落伍！于是，此局面下棋手多选择走兵七进一或兵三进一，为马开通道路，且压抑对方马头，加上另有人喜走马八进九，这三种攻招都很流行。

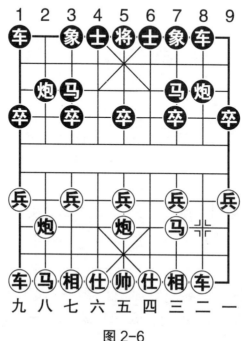

图 2-6

［习题］

【第1题】　有两个初学者这样下棋：

1. 炮二进二　卒3进1
2. 炮二平三　象3进5
3. 炮三平九　炮2平1
4. 炮九平一　马8进9

（图2-7）

红方这样走好不好？

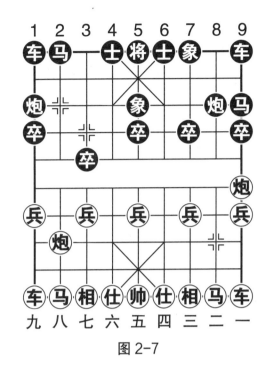

图 2-7

【第2题】　黑方最腻歪红用车进攻了，所以一见红出车便兑车：

1. 炮二平五　炮8平5
2. 马二进三　马8进7
3. 车一平二　车9平8

（图2-8）

黑方走法好不好？

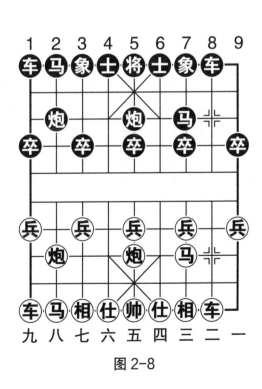

图 2-8

【第 3 题】 这盘棋黑方竟然不要中卒了：

1.炮二平五　士 4 进 5

（图 2-9）

黑方走法好不好？红方要不要炮打中卒？

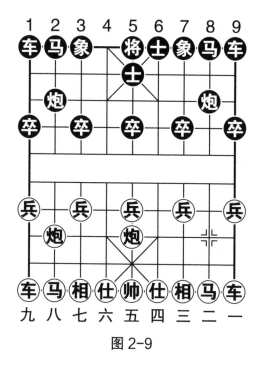

图 2-9

【第 4 题】 这盘棋红方的出车方法很特殊：

1.炮二平五　马 8 进 7

2.马二进三　车 9 平 8

3.兵一进一　（图 2-10）

红方的想法是接走兵一进一，卒 9 进 1，车一进五。红方的出车方法好不好？黑应该怎么办？

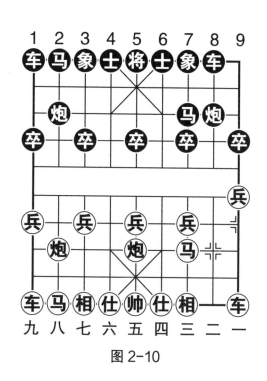

图 2-10

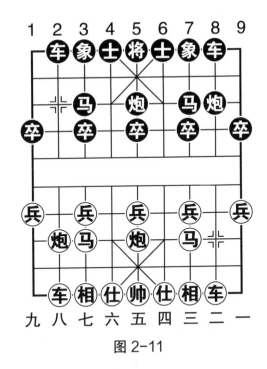

图 2-11

【第5题】　红走啥，黑也走啥，跟红方学步：

1.炮二平五　　炮2平5

2.马二进三　　马2进3

3.马八进七　　马8进7

4.车一平二　　车1平2

5.车九平八　　车9平8

（图2-11）

黑方这样走好不好？

[解答]

【第1题】　红用炮把对方子力都轰出来，好似到处捅马蜂窝，自己实际没走棋，太不好了。

【第2题】　兑车后黑比红少走一步棋，自然吃亏。黑可走车9进1，黑横车不比红直车差；黑也可走卒7进1或马2进3，黑阵都挺稳固。

【第3题】　黑补士有几样不好：①耽误大子出动；②事先通知对方自己老将的出路；③下二路本是横车通道，自己先行给堵死了。但补士有一定的欺骗性，红方不要冒失地炮打中卒，否则，黑再炮8平5就转成"顺炮炮打中卒"了，红稍吃亏。红应尽快跳马出车。

【第4题】　红这样出车太缓慢，实际也行不通。黑方可不必管他，等红兵一进一渡河再炮8平9，让红方白费力气。

【第5题】　黑这样走不好。红一旦抢到中场某个据点，黑就抢不到了，没法学步了。只要红走得对，黑肯定吃亏。

第二节 怎么吃对方棋子

象棋对局中的吃子，可以说，就跟在战争中消灭敌人一样重要。

象棋的吃子手段丰富多彩，下面先学最为常见的两种——抽子与捉双。

一、抽吃

这是借照将对方老将来吃子的手段。

你照将对方老将，对方总不能置之不理吧？可是对方一管，不论是老将逃走，还是用其他子力来拦挡，你便可乘机去"抽"对方子力。

如图2-12，这是红车利用照将抽炮的例子。红先：

1.车七进五　将4进1　2.车七退一　将4退1　3.车七平八

抽炮后成单车对双士局面，红必胜。

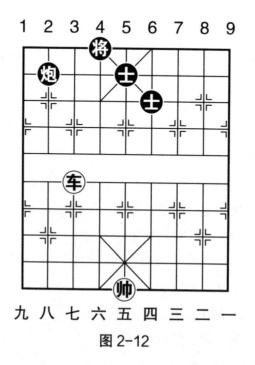

图 2-12

如图2-13，黑车正捉红马，红马无路可逃，但轮至走棋的红方可用炮来抽车：

炮三进二 将4进1

炮三退一 士5进4

炮三平七

抽车后红多两大子，必胜。

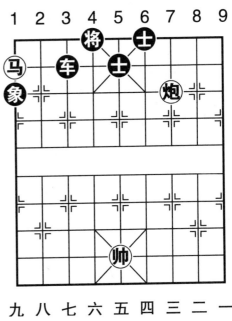

图 2-13

如图2-14，红车只顾捉吃黑马，却没注意黑马有抽车之着。红先：

车四进二？ 马8进7

帅四平五 马7退6

红丢车，反要输棋。

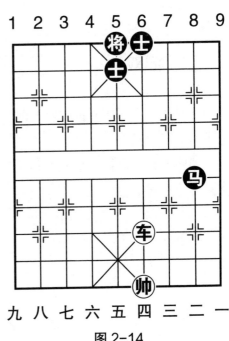

图 2-14

如图2-15，红老帅已上"三楼"，形势危急。但红车炮联合，利用先行之机抽子：

炮一进五　士6进5

车二进四　士5退6

车二退二　士6进5

黑若将5进1，则车二进一杀。

车二平五

抽车后红反败为胜。

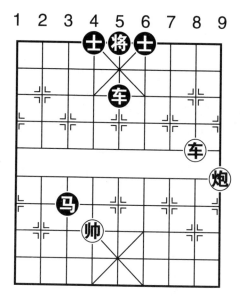

图 2-15

二、捉双

这是用一个子同时捉吃对方两个子的得子手段。

如图2-16，红接走炮五平九，黑必失一车。

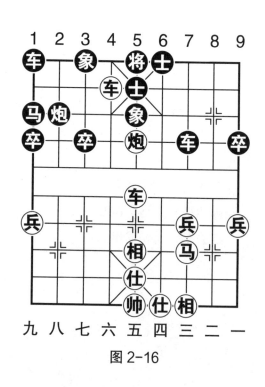

图 2-16

如图2-17，红双车位置恰恰是黑马盼望的。黑先：

………… 马5进6

这叫"踏双"。红只能舍左车砍炮或连车。但红一车双仕无论对黑车炮双士还是车马双士，都难以求和。

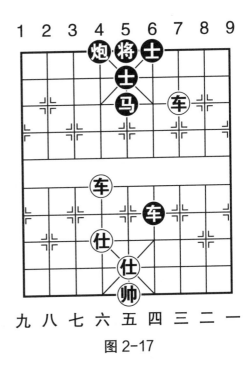

图 2-17

如图2-18，红一车对黑双炮。红先：

车三进四　将5退1

车三退一

"挑一担"，黑必丢一炮。

请初学者注意，红车在"挑一担"之前，要先把黑老将赶跑，然后再退车捉双。红车这一进一退的小技巧叫"顿挫"，以后我们还会用得着。

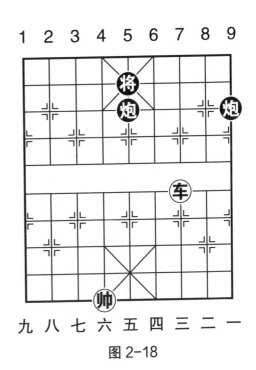

图 2-18

［习题］

【第1题】　如图2-19，黑先。

【第2题】　如图2-20，黑先。

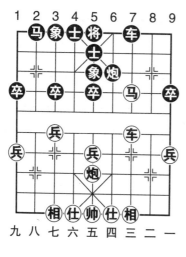

图 2-19

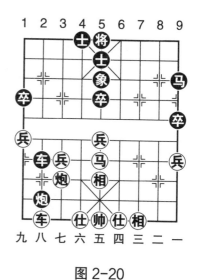

图 2-20

【第3题】　如图2-21，红先。

【第4题】　如图2-22，红先。

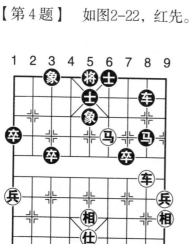

图 2-21

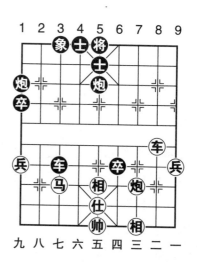

图 2-22

【第5题】 如图2-23，黑先。

【第6题】 如图2-24，红先。

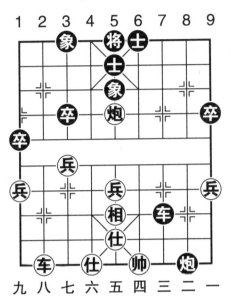

图 2-23

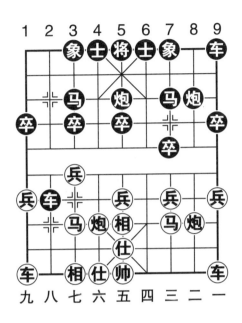

图 2-24

[解答]

【第1题】 炮6平7，车三平四，炮7进7，仕四进五，车7进3，黑抽马得子。

【第2题】 炮2平5，车八进三，炮5退2，仕四进五，炮5平2，黑抽马得子。

【第3题】 车二进二，车8进2，马四进三，将5平4，马三退二，红抽马得子。

【第4题】 车二进五，士5退6，炮三进七，士6进5，炮三退六，士5退6，炮三平七，红利用抽将吃掉黑车。

【第5题】 车7进2，帅四进一，车7退6提双，黑得子。

【第6题】 炮六进五串打，这也是捉双的一种形式。

第三节　怎么将死对方老将

象棋战斗，谁输谁赢依据什么？大家都知道，最终依据是谁先杀王——将死对方的老将。你吃掉对方许多棋子，对方不一定输棋，一旦对方把你的老将给将死了，一局棋的胜负立刻就分出来了。让我们来看对方老将被将死的几种情况。

第一种情况，是另有一个（或两三个）棋子堵住了对方老将的逃跑之路。

如图2-25，红炮一进二的杀着名叫"马后炮"。可以看出，红马卡住了黑老将上下逃命之路，红炮迎头一击，二子配合，老将毙命。

如图2-26，红马二进三的杀着叫"卧槽马"，这里离不开小兵的协助。

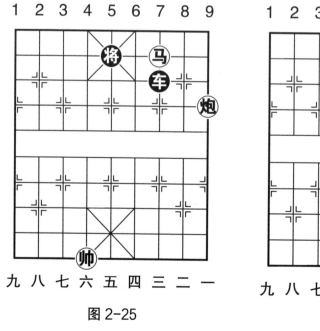

图2-25

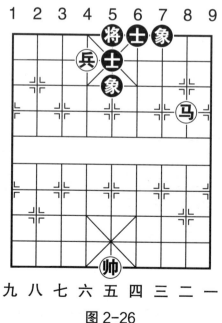

图2-26

第二种情况，是攻杀对方老将的棋子借助了己方的帅力。

如图2-27，红车五平六的杀着叫"白脸将"。没有红帅露面，一车完不成任务。

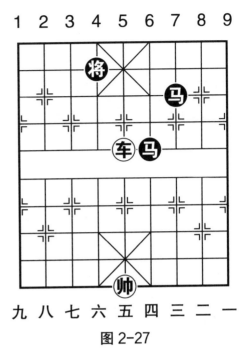

图 2-27

如图2-28，红胜法是：车六进一，将5进1，车六退一，其名"进洞出洞"。红也借助了帅力。

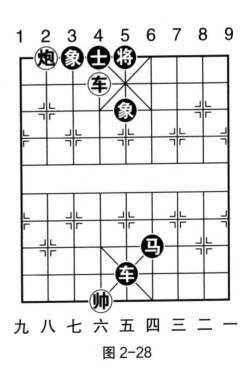

图 2-28

第三种情况，是借对方的子力堵住了对方老将的出路，如打闷宫、闷杀等。

如图2-29，红胜法是：车五平四，后车退 3，车三进一，其名"臣压君"，黑方的"臣"（指车）把"君"（皇上，指老将）压在下面，给憋死了。当然，黑方这种棋形是被红方逼出来的。

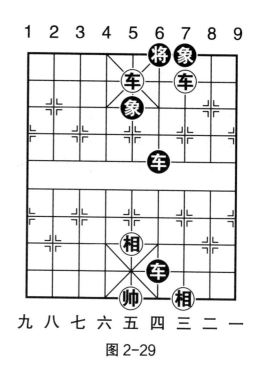

图 2-29

第四种情况，是双方子力很少时，轮到走棋的一方包括老将无子可动，形成"欠行"。

如图2-30，红走马九退八，黑无子可动，红胜。

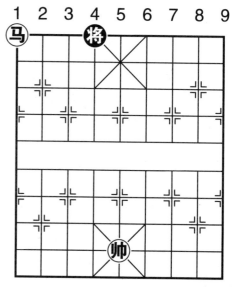

图 2-30

[习题]

本节习题均为红先。

【第1题】　如图2-31，红是否应走兵五平四吃车？

【第2题】　如图2-32，黑老将有马炮保卫，红还能赢棋吗？

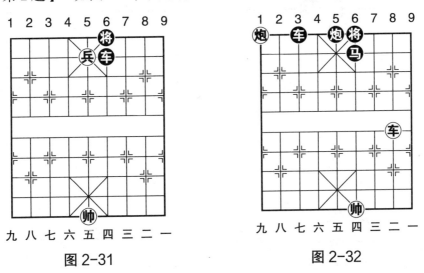

图 2-31　　　　　　　　图 2-32

【第3题】　如图2-33，红车应该抽炮、抽卒还是吃象？

【第4题】　如图2-34，请比较红帅、黑将位置，再比较红车、黑车位置，最后为红找到胜法。

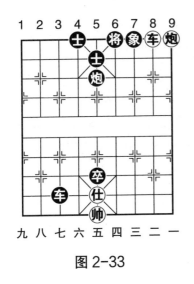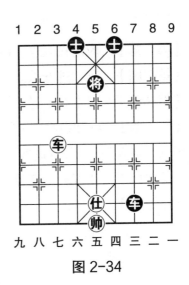

图 2-33　　　　　　　　图 2-34

【第5题】 如图2-35，请为红方找到最快的制胜之路。

【第6题】 如图2-36，一马对光杆老将，但黑老将占据中线，怎么办?

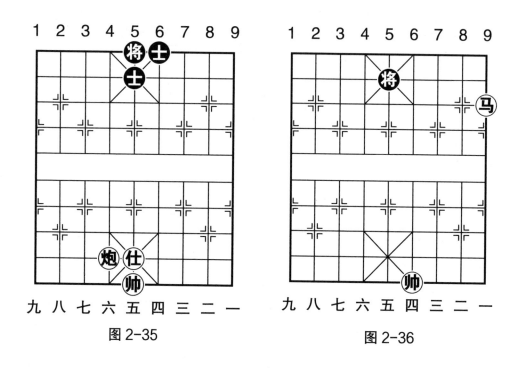

图 2-35   图 2-36

[解答]

【第1题】 应走兵五进一借助帅力闷杀黑老将。

【第2题】 车二进五杀。

【第3题】 应走车二退一，既封锁下二路，又塞象眼，杀。

【第4题】 红帅在原位，黑将上三楼；红是高车，黑是矮车（低头车）。车七平五，将5平6，仕五进四，下步车五平四杀，黑车无法保驾。

【第5题】 仕五进六亮帅且封锁肋道，黑遭困毙。

【第6题】 马一进三（不让黑老将上下楼，逼它离开中路），将5平4，帅四平五占中，将4退1，马三进五，将4进1，马五退四，将4进1，帅五进一，黑欠行，红胜。

第三章 攻王百招

第一节 单一兵种杀着

一、白脸将

如图3-1，此局基本已成和，但黑方由于对白脸将杀着不熟悉，竟然接走平车吃红兵，因此招来大祸。黑先：

………… 车6平9？

黑宜改走象9进7，下一步在中路连象，可成和局。

相五进三！

红扬相露帅，称"大脱袍"或"推窗望月"，下一着有车五平四杀。

………… 象7进5

黑怎么办？由于车被隔在边线，只好先送吃一象，但这显然无济于事。

车五进一 将6进1

车五退一

下一着车五平四，黑无法解救。

由此局结果可以看出，熟练掌握攻王的基本技术是多么重要呀！

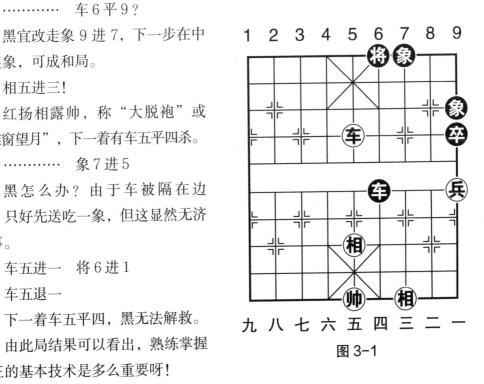

图 3-1

如图3-2，红先。如果把红兵拿掉，大家一眼就会看出白脸将杀着。现有一红兵，怎么办？弃掉它就是了。

兵六进一！　将4退1

兵六进一！　将4进1

车四平六　（杀）

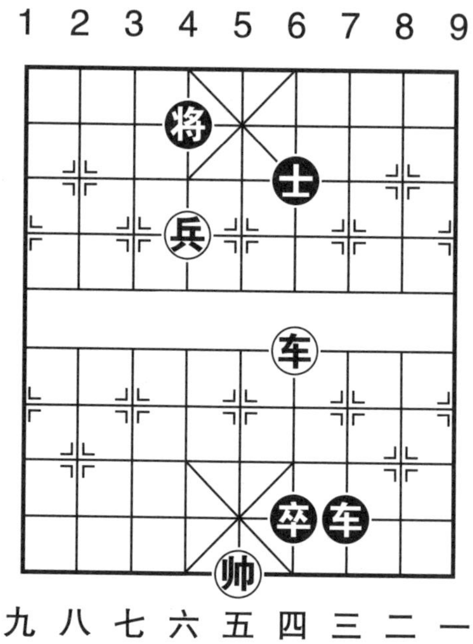

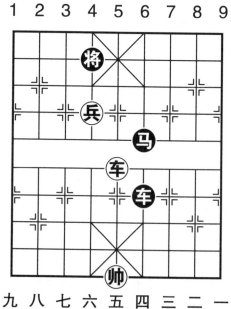

图 3-2

如图3-3，红也能用白脸将杀着赢棋吗？能，办法是把车绕到黑老将后面。红先：

车五进四　将4退1

车五进一　将4进1

兵六进一！　将4进1

车五平六

回头望月，杀。

图 3-3

如图3-4，红先。红若能将黑老将吸引到"三层楼"上，白脸将就用上了。

炮七平六　士4退5

兵七平六！将4进1

炮六平七！（杀）

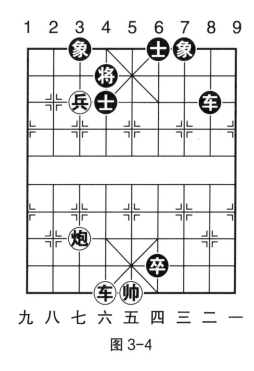

图 3-4

如图3-5，红先。红马已被黑车盖住，红若走仕五进四用炮照将，则士5进6，马二退四去士，车8平6去马，以下红炮虽可吃黑车，却无法取胜。

此局面其实与图3-4相近，只是红车换成了红炮。

马二退四！将6进1

仕五进四 （杀）

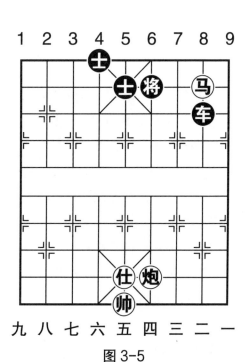

图 3-5

如图3-6，红先：

兵五进一！士6进5

车二进三（杀）

红车底线"将军"而形成的白脸将杀着在对局中也是很常见的。

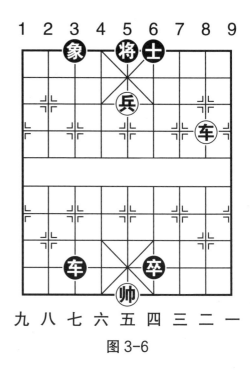

图 3-6

如图3-7，给人印象是红应走车三平五照将，但是炮 4 平 5，帅五平四（准备抽黑车），车 2 进6，黑车跟住红炮，红难有作为，将成和局。其实，红若以"白脸将"杀招相威胁，赢棋并不难。红先：

炮五进六！将5平6

黑如改走以士去炮或其他着法，则车三进五杀。

炮五平八

得车，红胜。

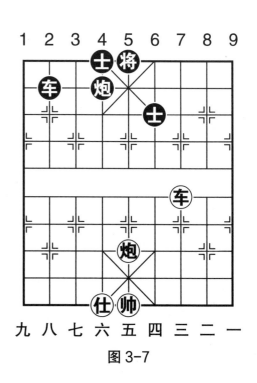

图 3-7

二、车的杀着

不在一条纵线上的两个车互相交替地照将，是棋战中最为常见的杀着，叫"双车错"。

如图3-8，红黑双方仅双车位置稍有不同，但红先红可将死黑方，黑先黑却将不死红方，这是为什么呢？请你自己用棋子摆一摆，便会明白。

红一车借照将先占据黑下二路，另一车便视黑老将动向跟踪追击，必然将死黑方。

而黑车呢，总是前车挡后车，后车挡前车，当然将不死红方（即令黑车3平4照将，之后双车围着红帅团团转，也赢不了）。

不难看出，双车错杀着能否用得上，取决于双车是异线还是同线。

那么，同线车就肯定没有杀着吗？不。

如图3-9，红先时可杀黑。这是一种特殊情况，请你自己动手仔细摆一摆，来证实一下。

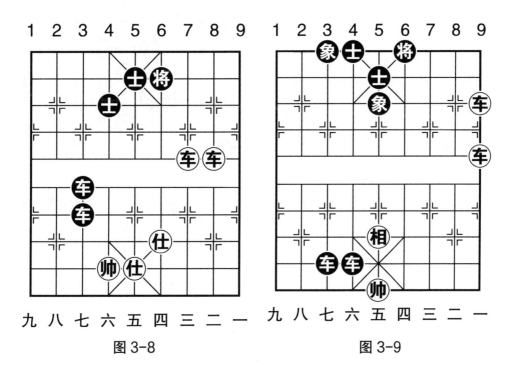

图3-8   图3-9

如图3-10，与图3-9比较，仅黑缺一士（对于黑方来说，这种局面叫"多一士不如少一士"），此时即便红先也无法杀黑了，变化仍可由读者自演。

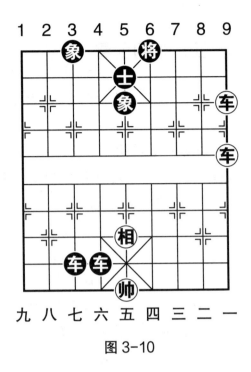

图 3-10

如图3-11，红可运用双车错杀着置黑老将于死地，但先用哪个车照将却有讲究。

红先：

车一进六！ 将6进1

车二进四 象7退9

车一退一 将6退1

车二进二 （杀）

此时要紧的是不能让黑老将跑到"三楼"上来。首着红为什么不可以车二进六照将？请读者自行演变。

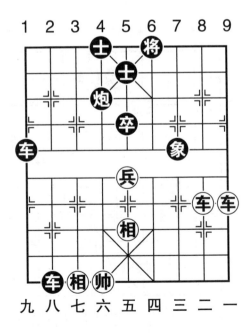

图 3-11

大刀剜心，这是以车强取对方中士形成的杀着。

如图3-12，红先：

车四平五！将5平6

黑若士4进5去车，则车七进三杀。

车五进一　将6进1

车七进二　士4进5

车七平五　将6进1

前车平四（杀）

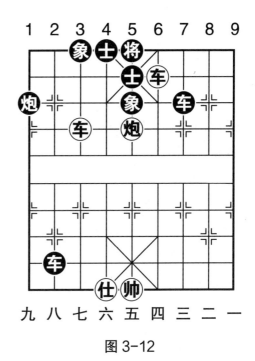

图 3-12

在象棋各兵种中，车的威力本来就大，若有两个车冲杀敌阵，往往锐不可当。

如图3-13，红先：

车四平六　士5进4

车六进五！将4平5

车三进四　将5退1

车三进一　将5进1

车六平五　将5平6

车五平四　将6进1

车三平四

连消带打成杀局，真厉害！

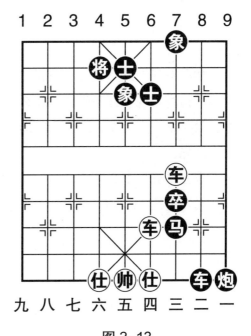

图 3-13

61

三、马的杀着

用马攻击、控制对方老将而形成的杀着，因地点不同而名称各异。

如图3-14，到 A、B 去的马分别叫卧槽马、挂角马，到 B、C 去控制九宫对角老将的马叫八角马，到 D、E 去攻击、控制对方老将的马则分别叫钓鱼马和高钓马。

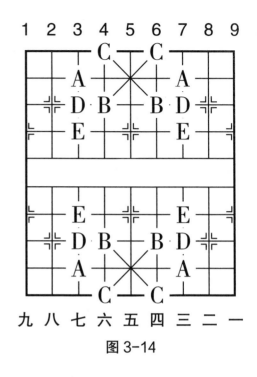

图 3-14

如图3-15，红马到红车位置即形成卧槽马。现有红车碍事，怎么办？没关系，弃掉车，还有老帅助攻。红先：

车三平五！ 士6进5

马四进三 （杀）

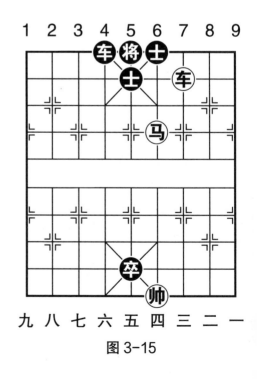

图 3-15

如图3-16，红卧槽马杀着用不上了，怎么办？红可用挂角马。红先：

马二进四！将5平4

车九平六（杀）

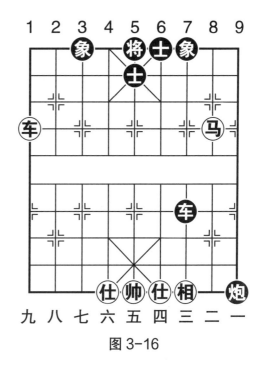

图 3-16

如图3-17，红若径走马七退六，则将 6 平 5，红再难取胜。红需先平兵叫将。红先：

兵二平三！将 6 退 1

马七退六

红用"八角马"把黑老将困在九宫对角，下面再兵三平四杀，黑瞪眼无解，红胜。

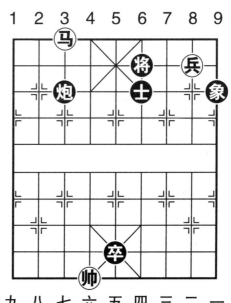

图 3-17

如图3-18，红马与黑老将之间呈"田"字，虽攻击不到黑老将，但限制了黑老将的移动。看红马的样子，好像在静静地等待着鱼儿——黑老将上钩。红先：

车八平二！象5退7

车二进一　车3平6

车二平三　车6退6

车三平四

钓鱼马这种杀法又名"立马车"。

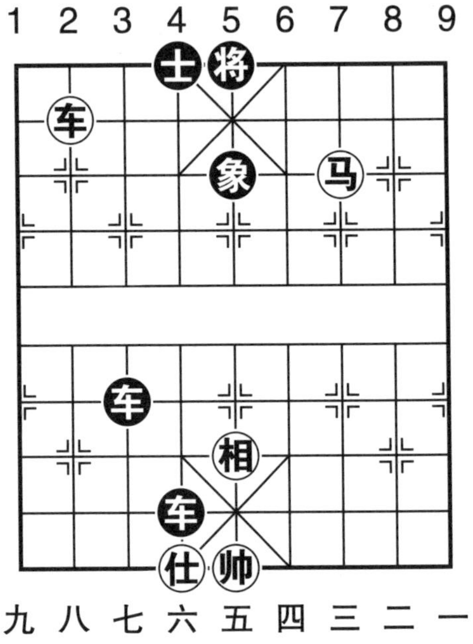

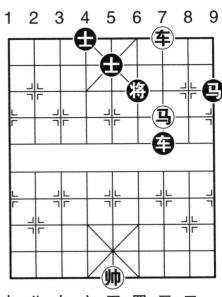

图 3-18

如图3-19，红马位置比钓鱼马高了一格。高钓马主要用于控制、攻击在附近肋道上的老将。红先：

车三退二　将6退1

车三进一！将6进1

黑若将 6 退 1，则车三进一杀。

车三平四 （杀）

用两匹马互相配合，围绕对方九宫选位攻杀老将的杀法叫双马饮泉。

图 3-19

如图3-20，红先：

马二进三　将6退1

黑若将6进1，则马三进二，将6退1，马一退三杀。

马三进二　将6平5　马一进三　将5平6

马三退五　将6平5　马五进三　将5平6

在这两个回合中，红马白白吃掉黑中象，为下面的挂角马打下基础。

马三退四　将6平5　马四进六　（杀）

看这两匹马嬉戏、追逐的样子，多么像围绕着一泓清泉饮水呀。

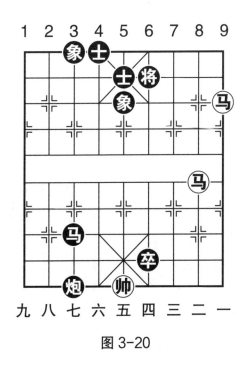

图 3-20

四、炮的杀着

一个炮的杀着有闷宫和闷杀。

闷宫是炮发挥隔山打牛的长处，利用对方双士自蹩老将的短处，将老将闷死在宫中的杀着。

闷杀则是炮（或其他子力）利用对方子力壅塞杀死对方老将的杀着。

如图3-21，若轮到红方走棋，炮七进一即形成闷宫；若轮到黑方走棋，炮7平6即闷杀红帅。

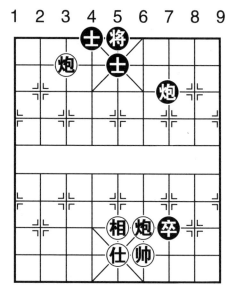

图 3-21

如图3-22，好像红炮只有转移到左翼才能形成闷宫，其实不然。红先：

车二进一 士5退6

兵六平五！ 士4进5

兵到花心送吃，好棋！黑若将5进1，则车二退一杀。

车二退一

闷宫，红胜。

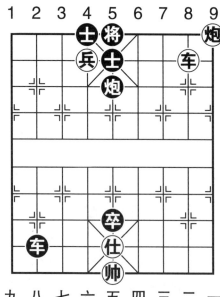

图 3-22

羊角士一般可以防止对方炮袭底线而形成闷宫，但如图3-23，闷宫却来自正面。红先：

车八平六！将4进1

炮五平六 （杀）

在棋战中，这种闷宫虽不像底线闷宫那样常见，却也值得注意。

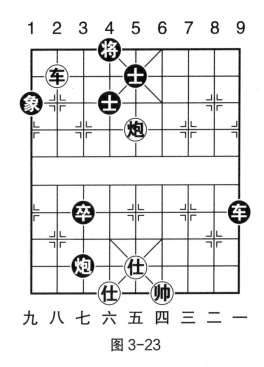

图 3-23

若是双相（象）连在一起，闷宫不易用上。但如图3-24，黑象成了红炮的靶子。红先：

前炮进三 象5退7

炮三进五 （杀）

红方这种由两门炮连续发弹形成的闷宫专有一个名，叫"双杯醉"。

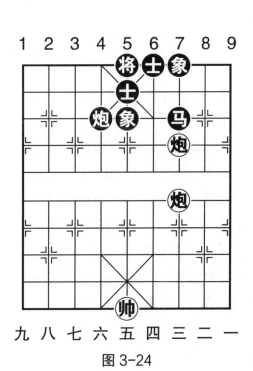

图 3-24

如图3-25，红先：

马一进二　炮6退2

马二退四！炮6进3

马四进二　炮6退3

马二退四　炮6进7

马四进二　炮6退7

马二退四　（杀）

这不叫闷宫，而叫"闷杀"。
二者性质其实是一样的。

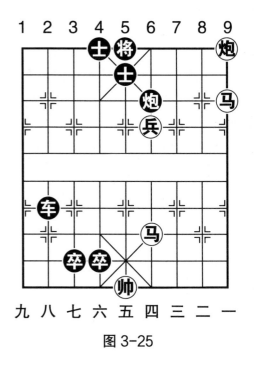

图 3-25

重炮（如图3-26），这大概是许多初学者在棋战中最初遇到或者用上的杀着。

用两门炮叠在一起照将，对方不论用士去挡，还是用象用马吃炮都不顶用。那么，黑方有什么办法能够提前防范红方的重炮杀着呢？读者不妨替黑方想想办法（实际也是替红方着想：如果遇到对方有防范，我们又该怎么办）。

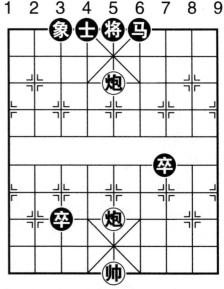

图 3-26

读者们应该都看出来了:

第一,黑老将若能提前升起来,使老将在红用重炮照将时能吃掉红炮,重炮杀着便用不上了。

第二,黑马若能提前跳出,黑老将在遭照将时就可以横向逃跑而平安无事。

第三,黑7路卒若能提前拱到6路,便可以在红炮照将时"从中作梗",走卒6平5,"重炮"即难以成杀。

第四,黑若能走成卒3平4,即咬住红后炮,比上面三条都好!

五、兵的杀着

象棋各兵种中,兵的数量最多,兵的行进速度也最慢。因而,兵的杀着大多出现在大部分子力拼杀牺牲之后,也就是一盘棋快下完之时。

兵的位置不同,对对方老将的威胁作用也不同。

我们把位于对方河沿和卒林线的兵叫"高兵",把位于对方宫顶线和下二路的兵叫"低兵",把位于对方底线的兵叫"底兵"。

如图3-27,高兵的居高临下之势看得太清楚了,谁都会赢。

红先:

兵五进一　将5退1

兵五进一　将5平4

兵五进一

小兵坐花心,黑欠行,红胜。

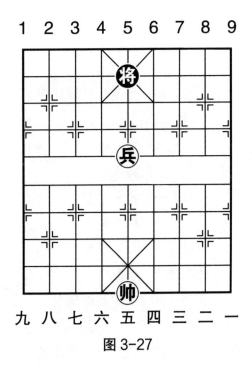

图3-27

如图3-28，这是低兵擒王的局势。希望初学者就此学会运用"停着"，学会迂回作战，并了解"占中"的重要性。红先：

帅四进一！将5进1

兵七平六　将5平4

兵六平五　将4平5

兵五平四　将5平4

帅四平五！将4退1

兵四平五　将4进1

帅五进一

黑欠行，红胜。

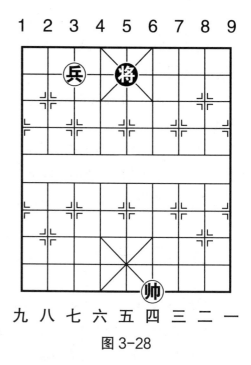

图 3-28

如图3-29，这是小兵战斗在子力众多时的场面。红先：

车七平六！将4进1

车八平六！将4进1

兵六进一　将4退1

兵六进一　将4退1

兵六进一　将4平5

兵六进一　（杀）

这个杀着叫"太监追皇上"，也叫"三进兵"（三是多次的意思）或"送佛归殿"。小兵在老帅或其他子力督战下连续冲锋，直至拱死对方老将，很有实战意义。

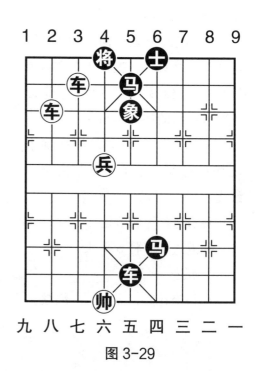

图 3-29

双兵的典型杀着为"二鬼拍门"。这是双兵分别侵入对方九宫，分占花心两旁锁住对方老将出路而形成的杀法。

如图3-30，红先：

帅五平四　士6进5

兵四平五（杀）

又如黑先，也是二鬼拍门：

…………　卒7平6

兵四平三　卒6平5

帅五平四　卒4进1

黑胜。

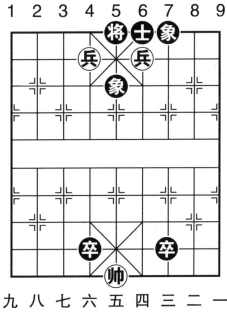

图 3-30

如图3-31，黑士使红四路兵借不上帅力，黑卒又要来遮脸，红二鬼拍门杀着还能用得上吗？能。

红先：

相七退五　卒8平7

帅四平五　卒7平6

帅五平六　士6退5

兵六平五　（杀）

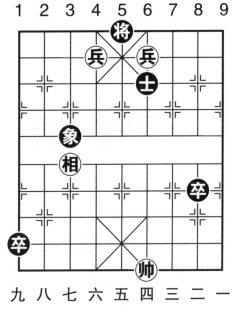

图 3-31

[习题]

本节习题均为红先。

【第1题】 如图3-32，要注意帅的作用。

【第2题】 如图3-33，怎样才能用上八角马杀着？

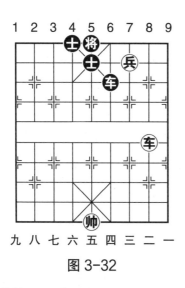

图 3-32

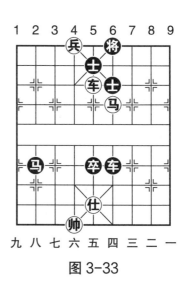

图 3-33

【第3题】 如图3-34，红若马八进七，则将5平6；又若兵二平三，则象5退7吃兵，红均再无杀着。红怎么办？

【第4题】 如图3-35，双车胁士经常需要露帅助攻。

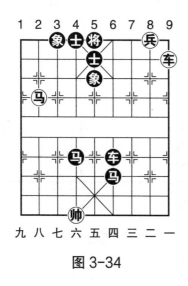

图 3-34

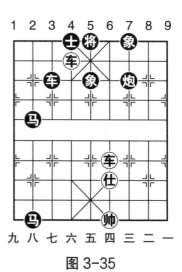

图 3-35

【第 5 题】　如图3-36，黑老将现已如作茧自缚，红要抓紧时间，做成闷宫或闷杀。

【第 6 题】　如图3-37，黑孤象对保卫中路的作用经常很小。

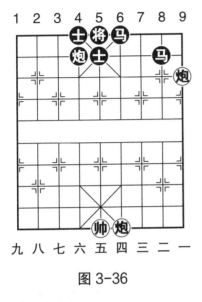

图 3-36

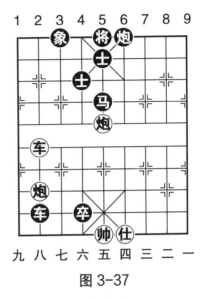

图 3-37

[解答]

【第 1 题】　车二进五，车 6 退 2，车二平三！车 6 平 7，兵三进一，黑欠行，红胜。

【第 2 题】　要用八角马，先要把中士引开：车五平四，士 5 进 6，马四进六，士 6 退 5，兵六平五杀。

【第 3 题】　车一平四（弃车塞象眼，以便老兵立新功），车 6 退 5，马八进七，将 5 平 6，兵二平三闷杀。

【第 4 题】　仕四退五，士 4 进 5，车四进五，车 3 进 7，帅四进一，后马退3，车六平五，马 3 退 5，车四进一杀。

【第 5 题】　炮一平七，炮 4 平 3，炮四进八（借攻黑炮蹩黑马腿，获胜要着），炮 3 退 1，炮七平三，马 8 进 6，炮三进二闷杀。

【第 6 题】　甲变：炮八平五，车 2 退 3，后炮进四，象 3 进 5，后炮进二，将 5 平 4，后炮平六杀。乙变：炮八平五，炮 6 进 8，后炮进四，象 3 进 5，后炮进二，将 5 平 6，车八平四杀。

第二节　马兵、炮兵、车兵杀法

由马、炮或车带领一两个小兵作战，会形成许多精巧、有趣而实用的杀法。

一、马兵杀法

如图3-38，这是小兵借助帅力配合卧槽马做杀的例子。红先：

马二进三　将5平6　兵四进一　将6平5　兵四进一　双将杀。

如图3-39，黑马距离主战场太远了，红马兵有杀棋。红先：

马八进六　马9退7　兵六平五　将5平4　马六进八　（杀）

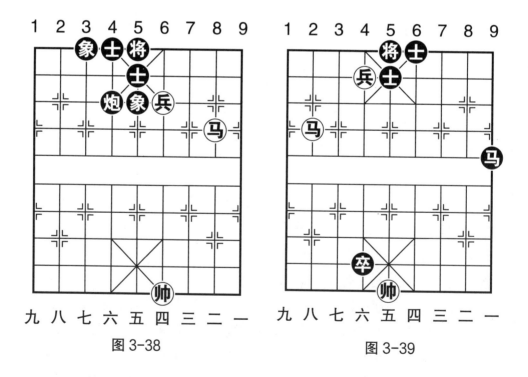

图 3-38　　　　　　　　　　　　图 3-39

如图3-40，马兵还能赢大车？

能赢！红先：

兵三进一　将6退1

兵三进一　将6退1

黑若将6进1，则马一退三杀。

马一进二！车8平9

马二退三　车9进1

兵三进一　（杀）

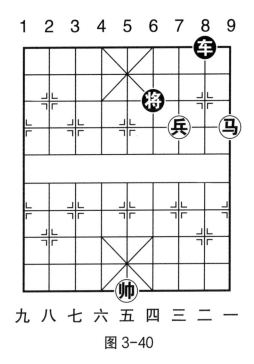

图 3-40

二、炮兵杀法

如图3-41，这是一例典型的炮兵杀法。红先：

炮七平六　士4退5

仕五进六　士5进4

兵四平五！车8平5

黑若士4进5，则仕六退五闷宫杀。

仕六退五

闷杀，红胜。

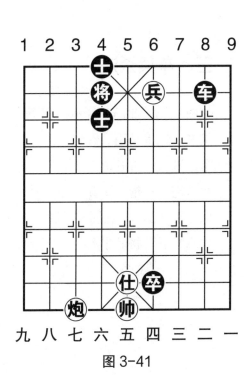

图 3-41

如图3-42，黑虽有一车，但车"低头"，来不及回防，红炮在双兵配合下大显威风。

红先：

炮一平四　将6平5

炮四平七　将5平6

兵四进一！士5进6

炮七平四　士6退5

兵三平四　将6平5

炮四平七

闷宫，绝杀。

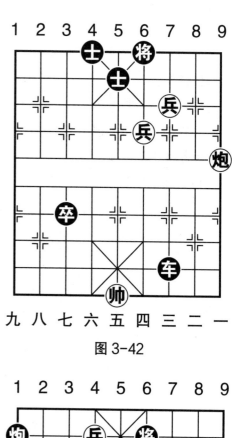

图 3-42

三、车兵杀法

如图3-43，此局面红小兵太厉害，黑多一炮也没用。红先：

车二进二　将6退1

兵六进一！炮1平5

黑若士6退5，红同样取胜。

兵六平五　将6平5

车二进一　（杀）

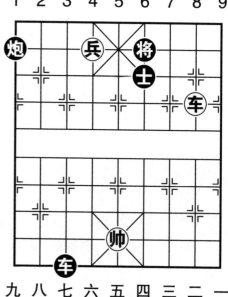

图 3-43

如图3-44，红兵在车掩护下，可形成"三进兵"。红先：

车九进二 将5退1

兵五进一 将5平4

车九进一 将4进1

车九退二 将4退1

兵五平六 将4平5

兵六进一 将5平6

车九平四 将6平5

车四进一！

黑已无解。

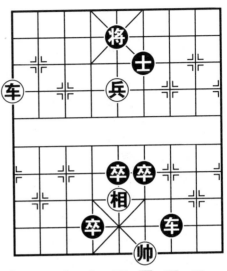

图 3-44

如图3-45，红若胆怯黑车卒进攻而车三退五吃卒，则车1进9，帅五进一，车1平6，成为和局。但红应看到黑左翼空虚，红已有胜机，不可失去！红先：

车三平一 将6平5

相五退七 象3进5

兵三平四 士5退6

车一平五 士4进5

兵四平五 士6进5

车五平三 将5平4

车三进二 将4进1

车三平九

红胜。

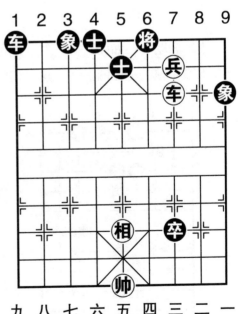

图 3-45

［习题］

本节习题均为红先。

【第1题】 如图3-46，黑子力位置不好，红马兵可用围困战术取胜。

【第2题】 如图3-47，黑老将和马位置太差，红马兵可借助帅力发威。

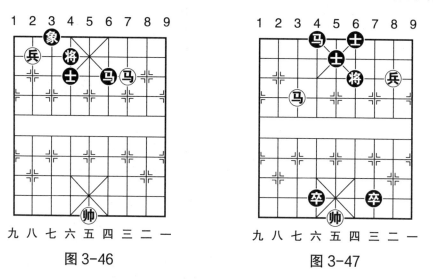

图 3-46   图 3-47

【第3题】 如图3-48，红双炮可在小兵帮助下完成重炮杀。

【第4题】 如图3-49，这里用的闷宫杀着有些难度，但十分有趣。

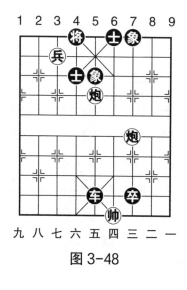
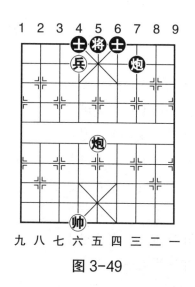

图 3-48   图 3-49

[解答]

【第1题】　兵八平七，将4退1，兵七进一，将4进1，马三进四，马6退5，帅五平六！将4平5，兵七平六，捉死黑马，红胜。

【第2题】　马七进六，卒7平6，兵二平三，将6退1，马六退五，马4进5，兵三进一，将6进1，马五退三杀。

【第3题】　兵七平六，将4进1，炮三平六，士4退5，炮五平六杀。

【第4题】　炮五平七，士4进5，帅六平五，炮7进4（若炮7平4吃兵，则炮七平三绝杀），炮七平四，炮7退1，炮四平三，炮7退1，炮三进一……顶牛至黑底线，挤走黑炮，终成闷宫杀局。

第三节　马炮、车马、车炮配合杀法

一、马炮杀法

马和炮组合在一起的典型杀法是马后炮。

如图3-50，由于红帅控制了四路肋道，黑老将活动范围变小，走到哪里都要遇到马后炮。红先：

马九进八　将4平5

黑若将4进1，则炮九进五马后炮杀。

马八退六　将5退1

黑若将5平4，则炮九平六马后炮杀。

马六进七　将5进1

炮九进六

黑老将逃脱不了马后炮之杀。

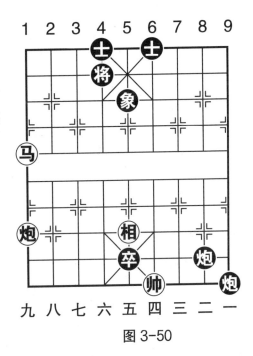

图3-50

79

如图3-51，倘没有黑马，红马五进四，将5平6，炮五平四，即成马后炮。而现在黑马使红无法平炮照将，怎么办？红可先运马选位，控制黑老将，再进炮做杀。红先：

马五进四　将5平6

马四进二　将6平5

以上，红马借照将变位，控制了黑将门。

这一着黑若不进将而走将6进1，则炮五平一再炮一进四杀，黑无解。

炮五进二！马4退6

马二退四　将5平6

炮五平四

马后炮杀。

如图3-52，红帅已控制中路，下面可借炮运马，使马距离黑老将两格，完成马后炮杀法。红先：

马七进五　将4进1

马五退四　将4退1

黑如将4进1，则炮一退二杀。

马四进二！将4进1

红威胁着要走马二进四，黑被迫上将，准备逃往三楼。

炮一退一　将4进1

黑若改走将4退1，则马二进四。

马二退四

现红即将走炮一退一，黑无法解救。

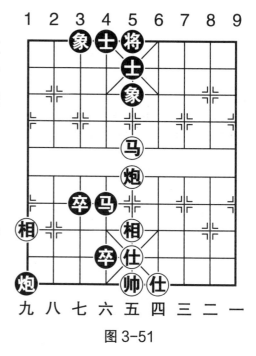

图 3-51

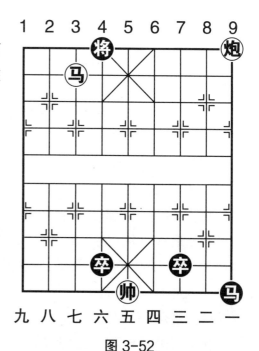

图 3-52

如图3-53，红取胜的难度要大一些。红先：

马四进三　将6进1

马三进二　将6退1

现在红是否可以接走炮三平一做马后炮杀呢？不行！黑有车3平9挡炮解杀之着。怎么办？

炮三平四！士6退5

炮四平一

红先平炮照将，迫黑落士自堵车路，再平炮做杀，这个战术手段称顿挫。

以下黑若为解马后炮杀而走将6平5，则炮一进三又成白脸将杀。红胜。

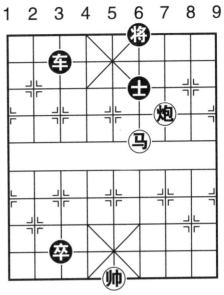

图 3-53

如图3-54，马和炮的杀法如下（红先）：

马二退三　士6进5

马三进四　（杀）

这虽然不叫"马后炮"，但实用就好。

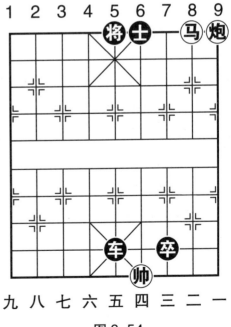

图 3-54

马和炮做马后炮杀局时，可能会遇到对方子力拦挡，这时要注意有没有"双将"杀着。

如图3-55，红先：

炮二平四　车8平6

马四进六　（杀）

黑若走士5进6，红也同样走马四进六成双将杀。

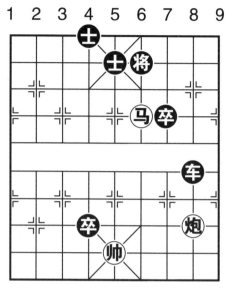

图 3-55

二、车马杀法

车和卧槽马、挂角马、钓鱼马、高钓马的配合杀法，有很多专用名称。

如图3-56，红车和挂角马配合，组成"白马现蹄"杀法。红先：

车四进九！士5退6

马二退四　（杀）

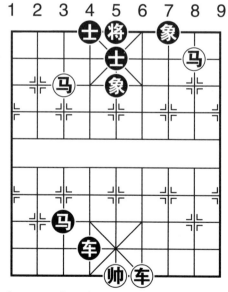

图 3-56

如图3-57，红车和钓鱼马配合，组成"立马车"杀法。红先：

车四进五　将5进1

马八进七　将5平4

黑若将5进1，则车四退二杀。

车四平六（杀）

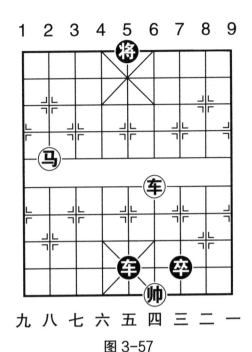

图 3-57

如图3-58，红车和高钓马配合，组成"侧面虎"杀法。红先：

车一进四　象5退7

黑弃象可使红车落脚在三路线而将自绊马腿，但实际上仍挡不住侧面虎杀法。

车一平三　将6进1

马一进二　士5进4

黑若车 4 退 6，以下马二进三，车 4 平 7，车三退二，黑丢车也输。

车三平五！

红此着叫"坐大堂"，黑老将难逃厄运。

…………　士4退5

马二进三　将6进1

车五平二

下着车二退二杀，黑无解。

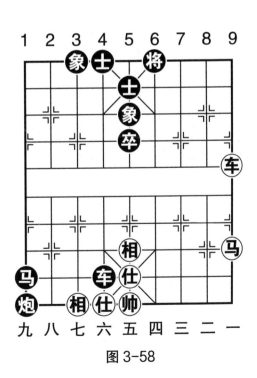

图 3-58

如图3-59，红车与马配合还有一种叫"柳穿鱼"杀法。红先：

马三进二　将6进1

车三进四　将6退1

车三退五　将6进1

红若径走车三平五吃士叫将，黑有炮7退5垫将解围之着，因此红车倚仗"拔簧马"先抽吃黑炮。

车三进五　将6退1

车三平五　（杀）

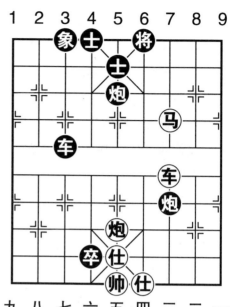

图 3-59

车行快速自如，马步曲折盘旋，车马配合做杀，还有许多形式没有具体的名称，但因其变化复杂、着法深远，常令人防不胜防，故以"车马冷着"统称（"冷"有乘人不备之意）。

如图3-60，红已不能走卧槽马，只能走挂角马，而挂角马之后又有什么杀着呢？且演车马冷着。红先：

马四进六　将5进1

车三平五　将5平4

马六退四！

退马控制黑老将，下一着车五平六绝杀。这个车马冷着算是较为简单。

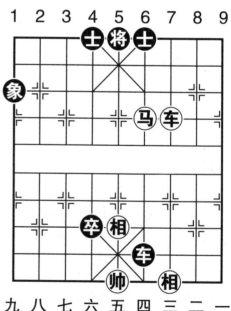

图 3-60

如图3-61，红所用的车马冷着是经典杀法。红先：

车二进二　将6退1

车二退五！将6进1

车二平四　将6平5

车四平六　将5平6

马七退六　将6退1

马六退四！

红将以钓鱼马杀着结束战斗，黑无法解救。

三、车炮杀法

车和炮的特点都是速度快。车炮配合起来往往杀法凌厉，势如破竹。"弃马十三着"中的车炮杀法即是一例。

红一炮镇中，另一炮沉底，再有车配合便形成"天地炮"杀法。

如图3-62，红先：

车七平六　将4平5

帅五平六　后炮退5

炮四平一！马6退7

炮一进七　马7退8

车六进二

下着车六平五砍中士，绝杀。

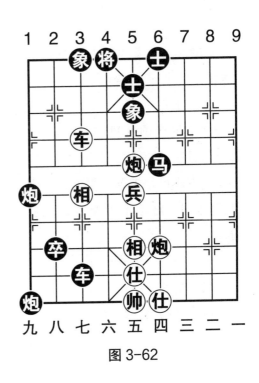

图 3-62

如图3-63，红炮镇中路，车锁将门，即形成棋战中常见的"铁门闩"杀法。红先：

车一平四！ 炮6进9

帅五平四

下着车四进一，黑无解。

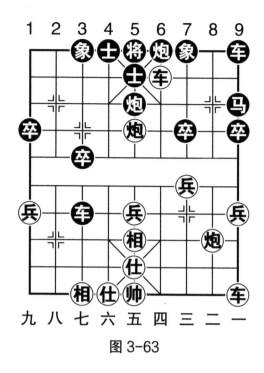

图 3-63

如图3-64，红先。红也能用上"铁门闩"吗？且看：

炮一平八！

红平炮伏炮八进三，士4进5，车六进一的杀法。

此着不可径走炮一平五，否则象5进3，红杀不死黑方，反要输棋。

………… 士4进5

炮八平五

妙施铁门闩，红胜。

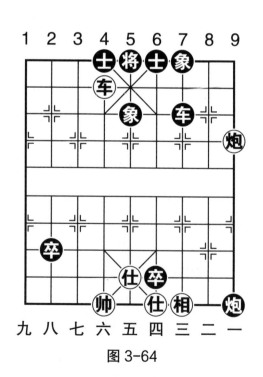

图 3-64

如图3-65，红不能走车六进二去"双车胁士"（因黑伏有车5平4再车1进1的"臣压君"杀着），却可用"进洞出洞"而捷足先登。红先：

车四平五！　将5进1

车六进二　将5退1

车六进一　将5进1

车六退一　（杀）

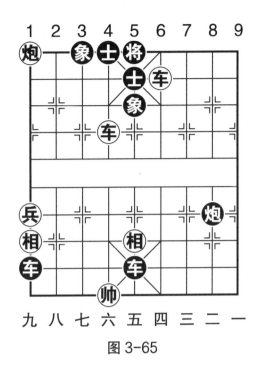

图 3-65

如图3-66，红方"平顶冠"杀法虽然简单，却很实用。红先：

炮五进五　士5退4

车二进四

给黑老将戴上"平顶冠"后，下着平车花心杀。

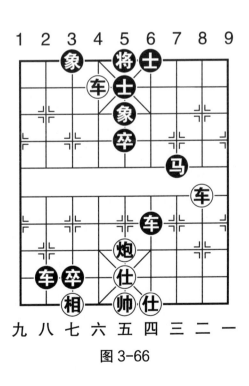

图 3-66

如图3-67，红的杀法名"二路夹车炮"杀法。红先：

炮一进一　将5进1

车二进一　将5进1

炮一退二　士6退5

车二退一　士5进6

车二退三　将5退1

红退车后将形成三道火力网，黑老将在哪一层楼都不行。

车二进四　将5退1

炮一进二　（杀）

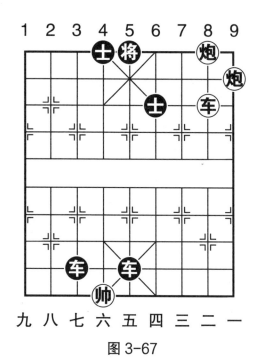

图 3-67

如图3-68，红的杀法名"炮碾丹砂"杀法。红先：

车八进三　士5退4

炮七进三　士4进5

炮七平四　士5退4

炮四平二　象7进9

炮三进一　将5进1

车八退一　（杀）

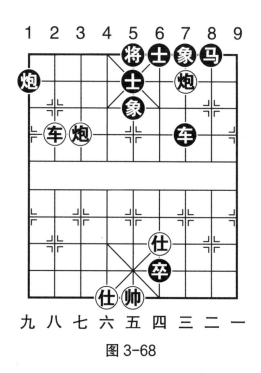

图 3-68

[习题]

本节习题均为红先。

【第1题】　如图3-69，红若进车照将再炮轰黑车，下面再无杀着。

【第2题】　如图3-70，红马后炮杀王是从闷宫威胁开始的。

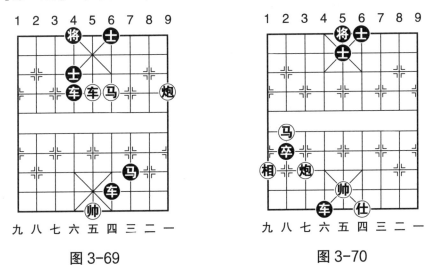

图 3-69　　　　　　　　　　　图 3-70

【第3题】　如图3-71，黑进攻过猛而后防空虚，给了红施展车马冷着的机会。

【第4题】　如图3-72，请认真思考，好棋就在眼前。

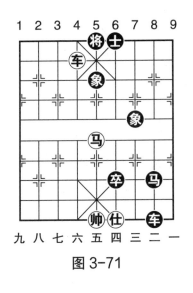
图 3-71

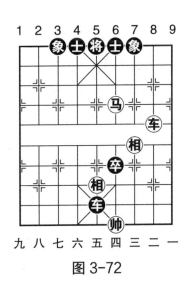
图 3-72

【第5题】 如图3-73，红可用杀着实际只会有重炮一种。

【第6题】 如图3-74，红车炮配合可成杀局，但别忘了给红仕也记一功。

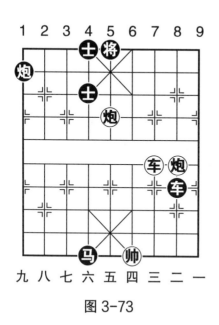

图 3-73

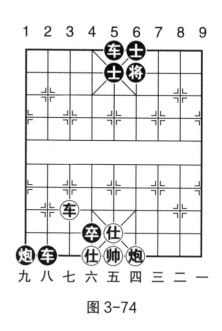

图 3-74

[解答]

【第1题】 车五进三，将4进1，车五平六！将4退1，炮一平六，士4退5，马四进六。

【第2题】 炮七平三，将5平4，炮三进七，将4进1，马八进七，将4进1，炮三退一！士5进6，炮三平九，下着马七进八绝杀。

【第3题】 马五进四，士6进5，车六平五，将5平6（将5平4则马四进六），马四退二，下着马二进三绝杀。

【第4题】 车二平八！车5平4（补哪个士都要被当即将死），马四进三，将5进1，车八进三，车4退7，马三退四，将5退1，车八平六，红得车胜。

【第5题】 车三进五，将5进1，车三平五！将5平4，炮二平六，士4退5，炮五平六重炮杀。

【第6题】 车七平四，士5进6，车四平五！士6退5，仕五进四，士5进6，车五进六！车5进1，仕四退五闷杀。

第四节 多兵种联手杀法

车马炮兵各兵种联合在一起，各施所长，协同作战，杀法更是多姿多彩，引人入胜，也更具有实战意义。

如图3-75，红可展开正面攻杀。红先：

车三进四 将6进1

红进车照将，为炮开道，杀法正确。如误走马四进二，将6平5，车三进四，将5退1，炮一进五，士6进5，马二进三，车6退8，红盲目进攻，反为黑胜。

车三平四！ 将6退1

红弃车吸引黑老将下楼是制胜的关键之着。

黑不能将6平5，否则炮一平五杀。

马四进二 将6平5

黑若将6进1，则炮一进三马后炮杀。

炮一平五

红胜。

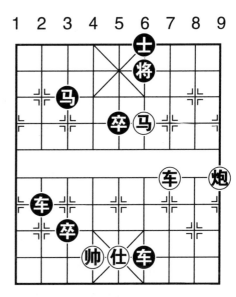

图 3-75

如图3-76,红车马炮兵联合作战,正面突破,终由小兵建功。红先:

车四平六　炮5平4

车六进四!　士5进4

炮五平六　将4平5

马四进三　将5进1

兵七平六(杀)

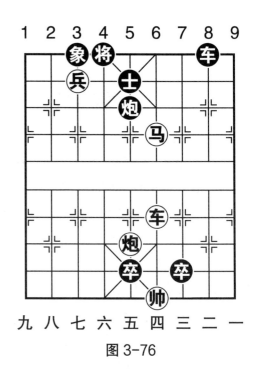

图 3-76

如图3-77,红先。此局更有实战价值。

马七进六　车2平3

车二进九!　车6平8

红弃车吸引黑肋车离开肋道,以便挂角马成杀。

黑若不吃弃车而改走车3平6守肋,则管不住红马卧槽杀。

马六进四　将5平6

炮五平四

马后炮杀。

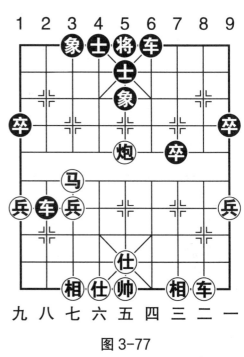

图 3-77

车马炮联攻时，经常是车在一侧，马炮在另一侧，形成左右开弓之势。

如图3-78，红先：

车八进三　将4进1

车八退一　将4退1

炮二退一　士5进6

马二进三　士6进5

车八平六！将4进1

马三退四

红妙手弃车后退马叫将杀。

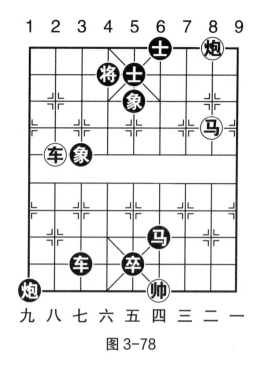

图 3-78

如图3-79，红需要有"花心采蜜"妙着才能成杀。红先：

马一退三　将5进1

炮四平二　将5平6

车六进二　将6退1

车六平五！炮1进1

黑若走马3退5或士4进5吃车，则炮二平四杀。

车五进一　将6进1

炮二进二　（杀）

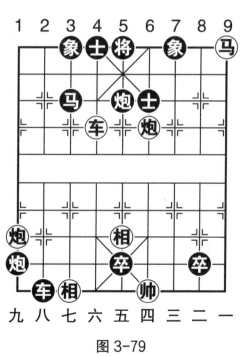

图 3-79

车马炮"三子归边"杀势在实战中也经常可见。

如图3-80，红先：

车一退一　将5退1

马二进三　将5平4

黑若车7退1，则炮二进六，将5进1，车一平三杀。

炮二进六　将4进1

马三进五！

切莫走马三退五，黑将4进1后，反为黑胜。

…………　将4退1

马五退六（杀）

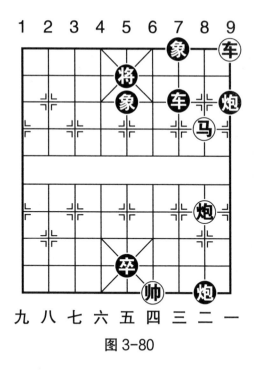

图 3-80

如图3-81，红先：

马一进二　马7退8

车二进一！

不吃黑马，而是堵塞黑马出路，让黑马为红方服务。

…………　将6退1

炮一进五　马8进6

车二进一

闷杀，红胜。

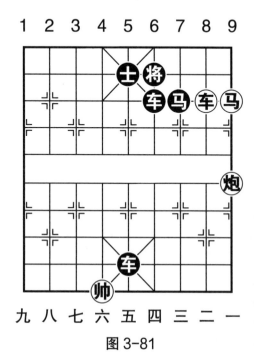

图 3-81

[习题]

本节习题均为红先。

【第1题】　如图3-82，红欲施铁门闩杀着，但黑有一车看守底线，怎么办?

【第2题】　如图3-83，红最终杀法是侧面虎。

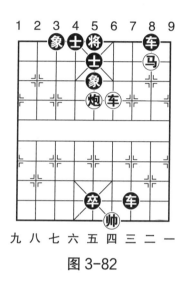

图 3-82

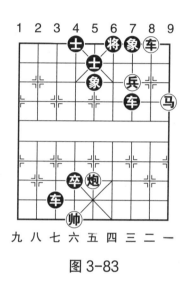

图 3-83

【第3题】　如图3-84，红最终杀法是马后炮。

【第4题】　如图3-85，红欲得胜，子力需要有前仆后继的"舍身炸碉堡"精神。

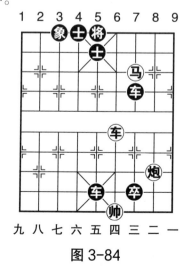

图 3-84

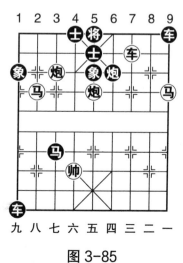

图 3-85

【第5题】 如图3-86，本题综合了马后炮和高钓马的杀法。

【第6题】 如图3-87，红能精彩连杀。

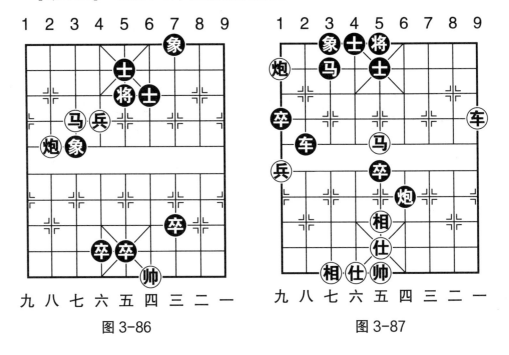

图 3-86   图 3-87

[解答]

【第1题】 马二退四，将5平6，马四进三，将6平5，车四进三。

【第2题】 马一进二，将6进1，兵三平四，士5进6，马二退三，将6退1，马三进五，士6退5，车二平三，将6进1，马五退三，将6进1，车三退二，将6退1，车三进一，将6进1，车三平四。

【第3题】 车四进五，士5退6，炮二进七，士6进5，马三进四，车7退3，马四退五，士5退6，马五进三，将5进1，炮二退一。

【第4题】 炮七进二！象1退3，车三进一！车9平7，马八进七，将5平6，马一进三！车7进2，炮五平四。

【第5题】 兵六平五，将5平4，炮八平九，象3退1，炮九平二，士5退4，炮二进二，士6退5，兵五进一。

【第6题】 马五进四，将5平6，马四进二，将6平5，车一进二，炮6退6，车一平四，士5退6，马二退四。

第四章　排兵布阵

一盘棋从头至尾，通常要历经三个阶段。

第一阶段，双方把子力纷纷开出，各自形成一个阵势，叫"开局"。

第二阶段，双方子力之间从冲突开始，很快转成全面而激烈的战斗，叫"中局"。

第三阶段，双方以所剩不多的子力决战，直至分出胜负或形成和局，叫"残局"。

三个阶段中，开局是一盘棋的基础。由于在这一阶段，双方的任务都是布置阵势，所以开局也叫"布局"。那么，为什么一定要布置阵势呢？这是因为，阵势布置得好坏直接决定着两军子力交火时哪一方能掌握主动权。如果我们不重视布置阵势，或是阵势布置得有问题，往往会在两军交火后处于下风，导致败局，甚至不待两军全面厮杀便溃不成军，被对方轻而易举地获胜。

布局的基本原则是：

第一，有合理的阵势才能同对方争夺主动权，不要因为贪得小利而把阵势搞成一盘散沙或半身不遂。

第二，车马炮等战斗力强的子力应尽快而全面地开出，占据好位，不要总走一个子而耽误其他子力出动。

第三，子力要走活，互相有保护最好。阵地上不要有可供对方攻击的大弱点。

第四，着法要积极主动，对对方有压力，不要走漫无目的或软弱无力的棋。

第一节 布局定式一览

布局定式，是古今棋手经过多次对局实战总结出的比较合理的阵势。这些定式，我们拿过来就能用，很省事。不过，若要把哪一种定式变成拿手的武器，还需初学者用这种定式多多实践，并不断地总结经验，丰富对它的认识。

让我们从布局定式概貌开始了解象棋布局知识。

象棋布局，可分为中炮类布局和非中炮类布局。

中炮类布局，即红方首着走中炮形成的布局，定式主要有：中炮对屏风马，中炮对列炮系列（包括左炮封车转列炮、小列炮和三步虎转列炮），中炮对反宫马和中炮对顺炮，共四大种；其他还有中炮对鸳鸯炮，中炮对龟背炮，中炮对单提马等。

非中炮类布局，即红方首着不走中炮形成的布局，定式主要有：仙人指路、过宫炮、士角炮、起马局、飞相局等。

一、中炮类布局

（一）中炮对屏风马

1. 炮二平五　马8进7
2. 马二进三　车9平8
3. 车一平二　马2进3（图4-1）

如图4-1，红方可接走兵七进一、兵三进一或马八进九，分别称为"中炮进七兵""中炮进三兵"和"中炮边马"，形成中炮对屏风马的三大系统，各有其极复杂而激烈的变化。对此，我们将专题介绍。

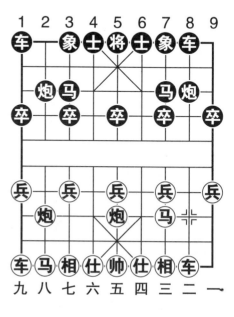

图4-1

（二）中炮对列炮

·中炮对左炮封车转列炮

1. 炮二平五　马8进7

2. 马二进三　车9平8

3. 车一平二　炮8进4

4. 兵三进一　炮2平5（图4-2）

与屏风马不同的是，黑方在第3回合不起右马防守，而改用左炮封红右车，又在第4回合反架列炮（与红方中炮相比，来自相反方向的中炮叫"列炮"），同红方对抗。

如图4-2，红方可接走兵七进一、马八进七、马八进九、马三进四或炮八进五等着法，各具攻守。

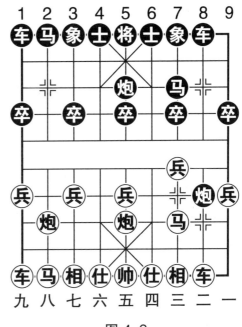

图 4-2

·中炮对小列炮

1. 炮二平五　马8进7

2. 马二进三　车9平8

3. 车一平二　炮2平5（图4-3）

这种列炮，黑方不走左炮封车而改为立即反架中炮还击，由此加快了右翼子力出动速度。

如图4-3，红方可接走车二进六、马八进七或炮八平六等着法，各具变化。

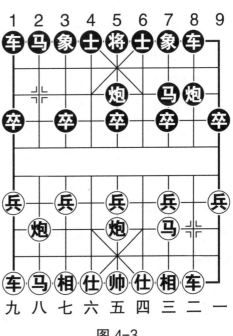

图 4-3

· 中炮进三兵对三步虎转列炮

1. 炮二平五　马8进7
2. 马二进三　车9平8
3. 兵三进一　炮8平9
4. 马八进七　炮2平5
5. 车九平八　马2进3（图4-4）

如图4-4，红方可接走马三进四、兵七进一或炮八平九，双方将在对峙局面下展开搏斗。

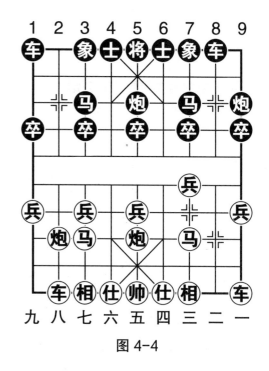

图 4-4

（三）中炮对反宫马

1. 炮二平五　马2进3
2. 马二进三　炮8平6
3. 车一平二　马8进7（图4-5）

面对红右炮平中，黑先起右马，尔后左炮平至士角（有凭借炮6进5串打之着限制红马八进七的作用），再起左正马，即形成"夹炮屏风"，也就是反宫马阵势。这种阵势各子联系紧密，既稳健又富于弹性，经大量实践证明，完全可以抵御中炮方的任何攻势。

如图4-5，红可有兵三进一、兵七进一或炮八平六等多种攻法，变化都很复杂。

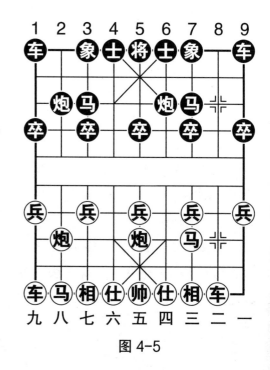

图 4-5

（四）中炮对顺炮

1. 炮二平五　炮8平5
2. 马二进三　马8进7（图4-6）

双方的中炮来自同一方向，故名"顺炮"。顺炮布局历史悠久，至现代则有较大发展。现代顺炮的特点是对攻激烈，变化复杂。对此，我们也将专题介绍。

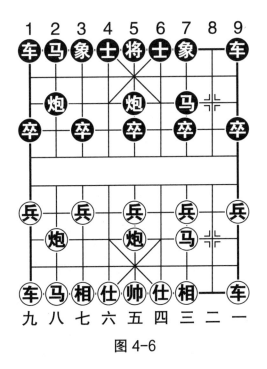

图 4-6

（五）中炮对鸳鸯炮

1. 炮二平五　马2进3
2. 马二进三　卒3进1
3. 车一平二　车9进2（图4-7）

黑高车保炮后将续有炮2退1再左移攻红车等手段。因黑双炮集结，如一对鸳鸯互相追逐，所以这种阵势叫"鸳鸯炮"。鸳鸯炮阵势的特点是设陷阱、布圈套、打伏击，需要弈者运子灵活。

如图4-7，红方可走马八进九、炮八进二或炮八平六，黑方则各有相应对策。

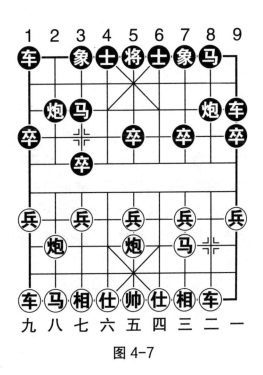

图 4-7

（六）中炮对龟背炮

1.炮二平五　马8进7
2.马二进三　车9进1
3.车一平二　炮8退1（图4-8）

黑继起横车之后退左炮，意图左炮右移，展开反击。这种阵势状如龟背一般，不惧捶打，故有其名。

如图4-8，红老式攻法为马八进七，效果一般般；现代攻法则是在第3回合走马八进七，第4回合走车一进一，效果改观。

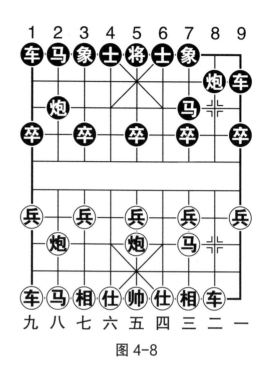

图 4-8

（七）中炮对单提马

1.炮二平五　马2进3
2.马二进三　车9进1
3.车一平二　马8进9（图4-9）

黑方以一马保中卒，另一马屯边，这种阵势叫"单提马"。单提马有多种形式，如图4-9形式的单提马的特点是出车速度快，对红方出动子力有干扰作用。单提马的缺点是中防较弱。

如图4-9，红方常见攻法有马八进七和兵七进一。

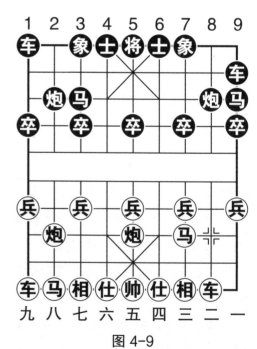

图 4-9

二、非中炮类布局

（一）仙人指路

1.兵七进一（图4-10）

红首着挺起七路兵，在五个兵组成的前沿阵地上犹如伸出食指向前一指，其作用不仅仅是为己方的马开道且压抑对方的马，还有投石问路的深一层含义——先看看黑方的应着，再针对黑方应着的优缺点选择进攻的方向。由于挺七兵可转换成多种阵势，常令对方捉摸不定，故有"仙人指路"的美称。仙人指路布局不易掌握，但深受高水平棋手喜爱。

应战仙人指路，黑常见走法有炮2平3、卒7进1、象3进5或马8进7等。

以炮2平3应法为例，布局套路如下。

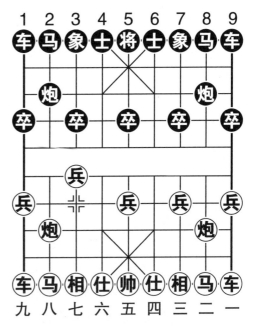

图 4-10

1.兵七进一　炮2平3

2.炮二平五　象3进5

3.马二进三

黑首着平炮射兵叫"卒底炮"，目的是威胁红即将跳起的左马。红摆中炮，则针对黑卒底炮占据马位而只会有左马保中卒的棋形特点。黑补中象准备放弃中卒，加快出车速度。至第3回合，黑可接走卒3进1或车9进1，各具变化。

（二）过宫炮

1. 炮二平六（图4-11）

红首着将炮穿过九宫而安置士角，即"过宫炮"。过宫炮有集中兵力攻黑一侧的战略目的。

应战过宫炮，黑常见走法有炮8平5或马8进7等。

黑首着走左中炮是针对红中防较弱布阵，起马则为迅速出动左翼子力。

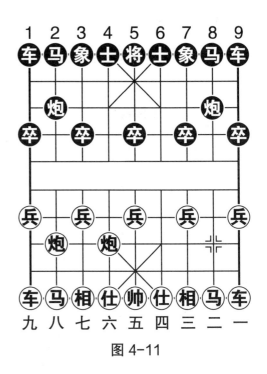

图 4-11

（三）士角炮

1. 炮二平四（图4-12）

红首着平炮士角，即"士角炮"。其特点是可以根据形势转换成五六炮、反宫马、单提马等阵势，能攻善守，灵活多变。

应战士角炮，黑常见走法有炮2平5或卒7进1等。

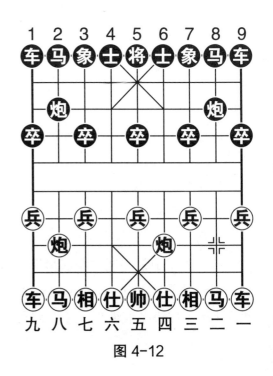

图 4-12

（四）起马局

1. 马二进三（图4-13）

红首着起马守护中兵，即"起马局"。其特点是既可转换成进攻棋形，又可转换成防守棋形，或刚或柔，利攻利守。

应战起马局，黑常见走法有卒7进1或马2进3等。

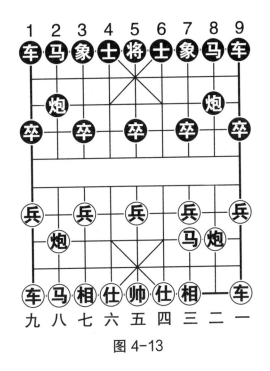

图 4-13

（五）飞相局

1. 相三进五（图4-14）

红首着飞相巩固中防，即"飞相局"。红不着急进攻而寓攻于守，意在以静制动，后发制人，全面较量实力。

应战飞相局，黑常见走法有炮8平4、炮8平5、炮2平4、马2进3、象7进5或卒3进1等。

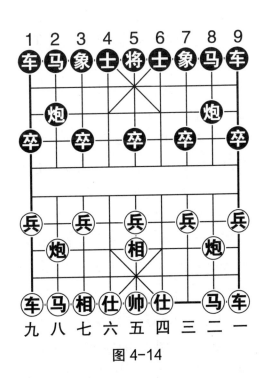

图 4-14

第二节　布局定式二种

一、中炮对屏风马

现代象棋理论认为，中炮是最强劲且最主动的进攻招数，屏风马则是最稳固而最具有反击力的防御阵形。

（一）中炮进七兵对屏风马系统

第1局　中炮过河车对屏风马平炮兑车

1.炮二平五　马8进7　2.马二进三　车9平8

3.车一平二　马2进3　4.兵七进一　卒7进1

5.车二进六　炮8平9

黑方平炮邀兑红过河车，是在问红方："你兑还是不兑？"

6.车二平三　炮9退1

（图4-15）

红平车压马以保证进攻的势头，这便是红方的回答。倘红改走车二进三将车兑掉，局面趋于平静，红较难有所作为。

黑退炮准备炮9平7逐走压住黑马的红车，并酝酿从7路反击，这是当今流行的走法。

如图4-15，红方攻法有马八进七、炮八平六或兵五进一等，中局战斗多是短兵相接、紧张激烈。

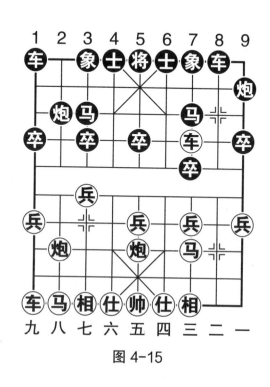

图 4-15

第2局 中炮过河车对屏风马左马盘河

1.炮二平五 马8进7

2.马二进三 车9平8

3.车一平二 马2进3

4.兵七进一 卒7进1

5.车二进六 马7进6

黑跃马河沿，准备伺机走卒7进1反击。这是红过河车面临的又一流行阵势。

6.马八进七 车1进1 （图4-16）

如图4-16，红方流行攻法有兵五进一或车二平四等，双方或对攻或纠缠。

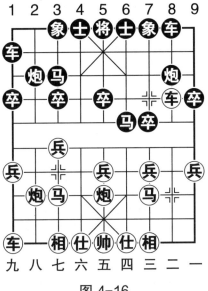

图 4-16

第3局 中炮七路马对屏风马双炮过河

1.炮二平五 马8进7 2.马二进三 车9平8

3.车一平二 马2进3 4.兵七进一 卒7进1

5.马八进七 炮2进4

红不走过河车而启动左马，意在使两翼子力均衡开动。

黑不让红走成巡河炮，而且黑右炮过河之后还续有炮2平7吃红三兵之着。

6.兵五进一 炮8进4 （图4-17）

这一回合，红挺中兵一来使得黑走不出炮2平7去兵，二来可从中路发动攻势；黑方呢，则又挥左炮封住红右车，且防住红马七进五攻中路，形成"双炮过河"。双方着法针锋相对。

如图4-17，红流行走法是车九进一，也有棋手喜爱走兵五进一，对攻将全面展开。

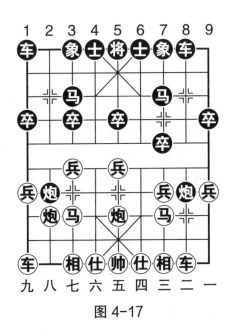

图 4-17

第4局　五七炮进七兵对屏风马

1.炮二平五　马8进7

2.马二进三　车9平8

3.车一平二　马2进3

4.兵七进一　卒7进1

5.炮八平七　（图4-18）

红既不走车二进六急攻，也不走马八进七缓攻，而是将左炮平移一步，暗暗威胁黑右马，牵制黑方宫顶线上的子力。

如图4-18，黑方可走车1平2、炮2进4或炮8进2，双方将在较平稳的局面中纠缠较量。

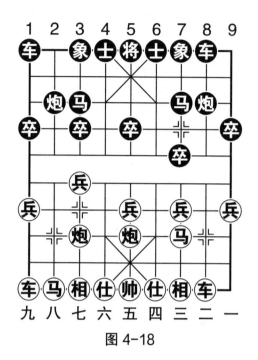

图 4-18

第5局　中炮巡河炮缓开车对屏风马

1.炮二平五　马8进7

2.马二进三　车9平8

3.兵七进一　卒7进1

4.马八进七　马2进3

5.炮八进二　（图4-19）

红方若想走成中炮巡河炮阵势，就得避开黑方的双炮过河。怎样避开呢？办法就是颠倒出子次序，先走出巡河炮，以后再开动右车。

如图4-19，由于红右车未出，黑便可走马7进8将红车封住。此外，黑也可以走车1进1、象3进5或炮8进2。双方将在外松内紧的种种局面中比阵形、斗实力。

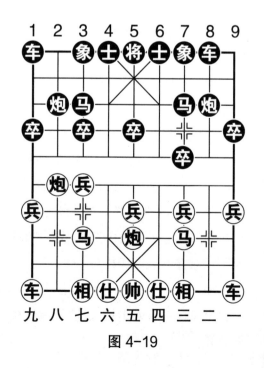

图 4-19

第6局　中炮横车七路马对屏风马

1.炮二平五　马8进7　2.马二进三　车9平8

3.兵七进一　卒7进1　4.马八进七　马2进3

5.车一进一　象3进5　6.车一平四　（图4-20）

此局红右车既不直出，也不缓出，而是横出占据肋道封住黑左马出路。红阵堂堂正正，而黑方也可接走炮2进4、炮8平9或炮8进2，以舒展阵形、活跃 子力。双方将在平稳对抗的局面中各自寻找进取机会。

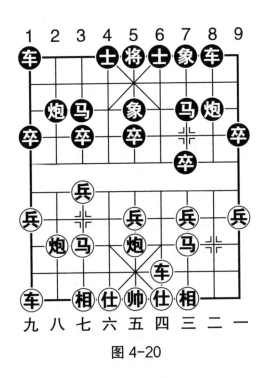

图 4-20

（二）中炮进三兵对屏风马系统

第7局　五七炮进三兵对屏风马

1.炮二平五　马8进7　2.马二进三　车9平8

3.车一平二　马2进3　4.兵三进一　卒3进1

5.马八进九　卒1进1

在双方互进三兵（卒）活通右马之后，红若接走马八进七就不易跃出了。

因此，红跳边马而把正马位子留给炮。

黑挺边卒，除了制约红边马，还为将来的车1进3保中卒或兑边卒后的车1进5骑河提供方便。

6.炮八平七　马3进2　7.车九进一　（图4-21）

上一回合，红平七路炮威胁黑右马，黑则跳出右马顺便将红左车封住。现红又根据黑只有一匹马保中卒的情况开左横车，准备占据四路或六路肋道。双方着法就是这样你来我往，针锋相对。

如图4-21，黑方可走象3进5或卒1进1。前者是补强中路，后者是待红兵九进一去卒后走车1进5控制红方河沿（这种出车方法叫"大出车"）。两种走法都可以抵御五七炮进三兵加直横车的钳形攻势。

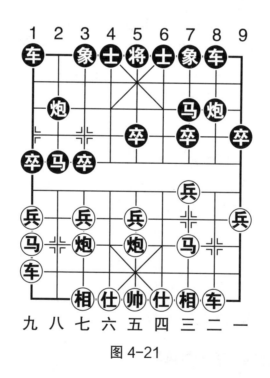

图 4-21

第8局　五八炮边马对屏风马

1.炮二平五　马8进7　2.马二进三　车9平8

3.车一平二　马2进3　4.兵三进一　卒3进1

5.马八进九　卒1进1　6.炮八进四　（图4-22）

红左炮过河，将根据黑方飞哪一个象选择炮八平七还是炮八平三压黑马兼窥底象。此着同上一局的炮八平七相比较，红进攻方向显然不同。

如图4-22，黑方可接走马3进2或象7进5。因红子力结构方面存在边马太弱等问题，黑不乏反击机会；而黑马受压制，使得红也有进取可能。

第9局　五八炮正马对屏风马

1.炮二平五　马8进7　2.马二进三　车9平8

3.车一平二　马2进3　4.兵三进一　卒3进1

5.炮八进四　象7进5　6.马八进七　（图4-23）

由于红跳边马不易出动，所以红先挥炮过河再起正马。正马可加强中场力量，但也容易遭到攻击。

如图4-23，黑方可走马3进4、马3进2或卒1进1，双方将在棋盘的中场展开搏斗。

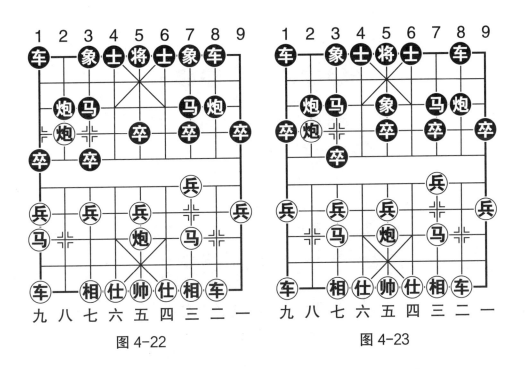

图 4-22　　　　　　　　　　　　图 4-23

（三）中炮边马双直车对屏风马系统

第10局　五七炮双直车对屏风马进7卒

1.炮二平五　马8进7　2.马二进三　车9平8

3.车一平二　马2进3　4.马八进九　卒7进1

红不进七兵，也不进三兵，而是跳边马以加快出左车的速度。

倘若黑不进7卒而改走卒3进1，红可接走兵三进一而回到进三兵系统，也可仍走炮八平七。

5.炮八平七　车1平2　6.车九平八（图4-24）

同五七炮进七兵、五七炮进三兵不一样的是，五七炮双直车主要是靠双直车快速移动来扯散黑方阵容；黑方呢，则可以在防御的同时打击红方落在后面的子力。

如图4-24，黑方走法有炮2进2、炮2进4或炮8进4。前者可逼迫红走车二进六，黑再马7进6反击；后二者可封锁红车。双方将在河界附近展开激战。

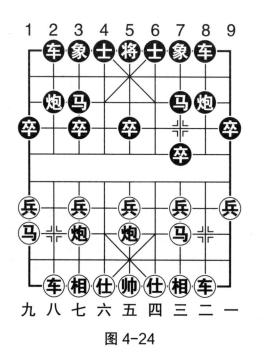

图 4-24

第11局 五六炮双直车对屏风马进7卒

1.炮二平五 马8进7 2.马二进三 车9平8 3.车一平二 马2进3

4.马八进九 卒7进1 5.炮八平六 车1平2 6.车九平八 （图4-25）

"五六炮双直车"的攻击力没有"五七炮双直车"强劲，但后防却显得稳固。这是因为，七路炮可威胁黑方右马，却不利于防守；本局的六路炮有攻守兼备的特点。

如图4-25，黑方可走炮2进4或炮8进4。但黑如封红左车，红可开右车；黑如封红右车，红可开左车。双方的中局较量多是在对峙局面中细腻纠缠。

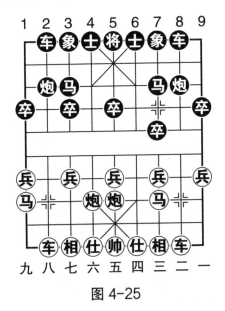

图 4-25

现在，我们可以对中炮对屏风马的三大系统做一番比较，以为小结了。

在进七兵系统中，红方的正面攻击力应该说是较强的。但由于右马不活，右翼（尤其是三路线）嫌弱，黑方如能针对红阵势的这些薄弱之处反击，红方顾忌也不小。

在进三兵系统中，红方的攻势往往不及进七兵猛烈，但红方的弱点也不明显。对于黑方来说，不失时机地见缝插针，不让红方放手进攻将是积极的防御。此外，红左马不灵活的问题也很值得双方留意。

在边马系统中，红方对黑方的牵制力往往大于攻击力，黑方经常要进行反牵制努力。双方斗争的焦点经常是牵制与反牵制。

第12局　中炮直横车正马对屏风马

1.炮二平五　马8进7　2.马二进三　车9平8　3.车一平二　卒7进1

黑先进7卒可避免红用进三兵进攻，但引来了红方的直横车攻势。

4.车二进六　马2进3　5.马八进七　卒3进1

红起左马而不进七兵，将加快左车投入主战场的速度。

黑针对红未进七兵即刻进3卒，针锋相对之着。

6.车九进一　炮2进1

黑抢在红左车占肋之前高右炮将红过河车逐回红阵地，再飞象固防中路，是流行多年的传统走法。但红车撤回河沿后恰可通过兑三、七兵发挥威力，因而近年黑又流行走象3进5，以下车九平六后，黑马7进6反击。

7.车二退二　象3进5（图4-26）

如图4-26，红方可走兵三进一或兵七进一，目的都是通过活跃己方的马并抑制对方的马来争先夺势；黑方则或兑兵或升巡河炮保卫河沿，双方将在河界两岸展开复杂而激烈的角逐。

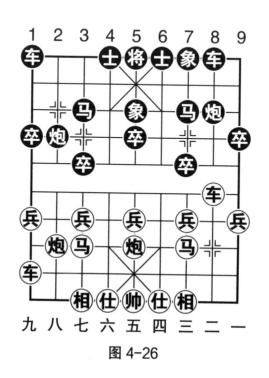

图4-26

二、顺炮

顺炮布局最早见于宋人陈元靓的《事林广记》,《橘中秘》等明清时代的古谱则有初步的系统论述。当今的顺炮布局出现了许多新定式,变化远比古典顺炮丰富、严谨而实用。

(一)顺炮直车对横车系统

第1局　中炮直车正马进三兵对顺炮横车进3卒

1.炮二平五　炮8平5

2.马二进三　马8进7

3.车一平二　车9进1

4.马八进七　车9平4

红起正马,变化复杂,内涵丰富,是当今最流行的走法。

5.兵三进一　卒3进1

黑此着另有马2进1或马2进3走法,分见第2、第3局。

6.车二进五　炮5退1

黑退中炮是可抗衡红势的应着。

7.车二平七　车4进1

(图4-27)

黑高车诱红车吃象,以便再行系列着法围剿红车。

如图4-27,红不会接走车七进四而会接走马三进四、兵七进一或车七退一,成红仍持先手而黑亦可固守待变的平稳局面。

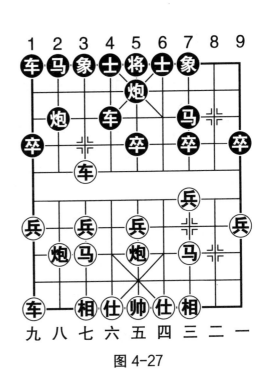

图 4-27

第2局　中炮直车正马进三兵对顺炮横车边马

1. 炮二平五　炮8平5
2. 马二进三　马8进7
3. 车一平二　车9进1
4. 马八进七　车9平4
5. 兵三进一　马2进1

（图4-28）

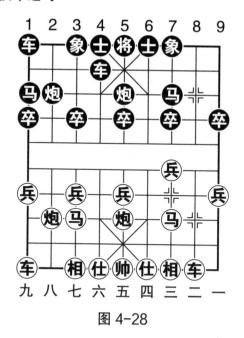

图 4-28

右马屯边，黑这一阵法在21世纪之初的几年曾经很"红"，但现今已呈衰微。黑中路防守不严、子力结构松散的弱点不易弥补。

如图4-28，红可走马三进四去夺中卒，也可走仕六进五或炮五平四缓攻，均是红略优局面。

第3局　中炮直车正马两头蛇对顺炮双横车

1. 炮二平五　炮8平5
2. 马二进三　马8进7
3. 车一平二　车9进1
4. 马八进七　车9平4
5. 兵三进一　马2进3
6. 兵七进一　车1进1

（图4-29）

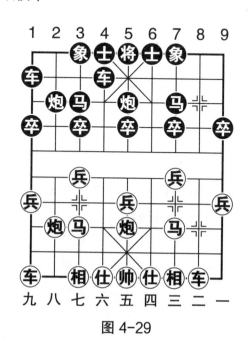

图 4-29

此局常用名为"顺炮两头蛇对双横车"。红双马活跃，黑双车速度快，各有所长。

如图4-29，红走法有马三进四、仕六进五或相七进九等，黑则经常针对红七路马发难。

第4局 五六炮直车正马对顺炮横车

1. 炮二平五　炮 8 平 5
2. 马二进三　马 8 进 7
3. 车一平二　车 9 进 1
4. 炮八平六　马 2 进 3

红方以五六炮阵势稳扎稳打，步步为营。对此，黑不宜急于车 9 平 4 捉炮，以免有帮红补强中路之嫌。

5. 马八进七　车 1 平 2
6. 车九平八　炮 2 进 4

（图4-30）

如图4-30，红走法有炮六进五或仕四进五，局面多呈僵持之势。

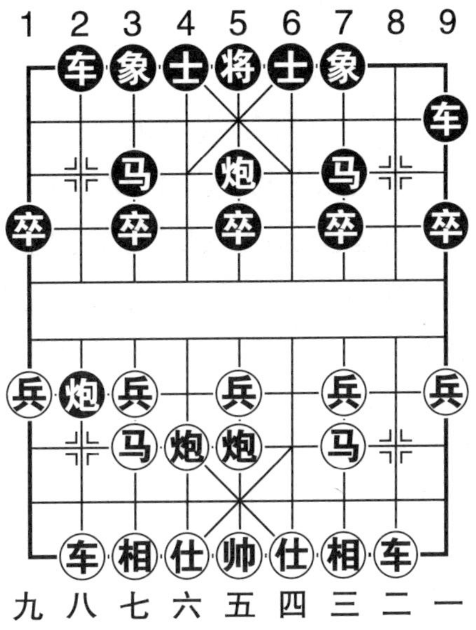

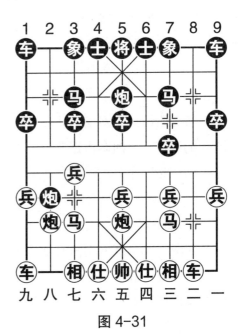

图 4-30

（二）顺炮直车对缓开车系统

第5局 中炮直车七路马对顺炮进 7 卒右炮过河

1. 炮二平五　炮 8 平 5
2. 马二进三　马 8 进 7
3. 车一平二　卒 7 进 1

黑不走横车而进7卒，这是20世纪70年代兴起的新系统，它大大丰富了顺炮布局。

4. 兵七进一　炮 2 进 4
5. 马八进七　马 2 进 3

（图4-31）

如图4-31，红走法有马七进八或马七进六，均将引起激烈对攻。

图 4-31

第6局　中炮直车边马对顺炮进7卒

1. 炮二平五　炮8平5
2. 马二进三　马8进7
3. 车一平二　卒7进1
4. 马八进九　（图4-32）

红起边马有走成五七炮的意向。

如图4-32，黑走法有马2进3或车9进1，双方或对攻或纠缠，趋势多样。

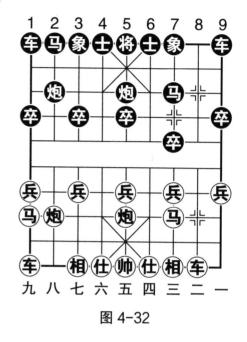

图 4-32

（三）顺炮横车对直车系统

第7局　中炮横车正马对顺炮直车巡河正马

1. 炮二平五　炮8平5
2. 马二进三　马8进7
3. 车一进一　车9平8
4. 车一平六　车8进4

黑走巡河车是对老式走法士6进5的改进。巡河车占据要道，呼应右翼，要比补士积极有力。

5. 马八进七　马2进3

（图4-33）

如图4-33，红方走法有炮八进二、车九进一或车六进五等，黑方则严阵以待。双方多演成较平稳的对峙之势。

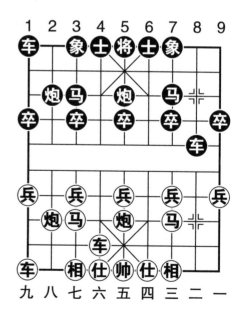

图 4-33

（四）顺炮缓开车对直车系统

第8局　中炮两头蛇对顺炮直横车

1. 炮二平五　　炮8平5
2. 马二进三　　马8进7
3. 兵三进一　　车9平8

红缓出右车而先进三兵，可避开顺炮直车对缓开车布局。

黑如改走车9进1，则易转成顺炮两头蛇对双横车阵势。

4. 马八进七　　马2进3
5. 兵七进一　　车1进1

（图4-34）

如图4-34，红方可走车九进一或马七进六，双方将在较平稳的局面中对抗。

关于顺炮布局的四大系统，希望初学者把注意力集中到顺炮直车对横车系统。因为这一系统的攻防形式更合乎布局基本原则，其基本套路比较容易掌握，当今也最为流行。

在顺炮直车对横车基本定式形成之后，第4回合的马八进七是现代走法，正马不仅可以加强对中场的争夺与控制的力量，而且可使阵形变得能攻善守、灵活

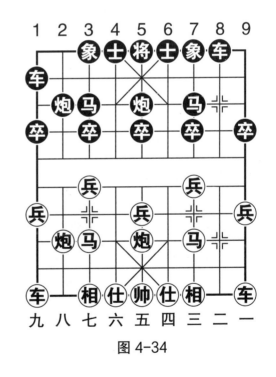

图 4-34

自如（比如说可变中炮阵形为反宫马阵形）。而几种老式走法呢，车二进六嫌攻得太急而易与左翼子力脱节，仕四进五与主攻的方向不符，马八进九则嫌子力不够集中，攻势太单调、太缓慢。以上，请读者通过对局和打谱来体会。

[习题]

【第1题】 顺炮两头蛇对双横车布局中，在第5回合，黑若不走马2进3而改走车4进4捉红三兵（如图4-35），不是眼见的先手吗？你觉得黑车4进4这着棋好不好？

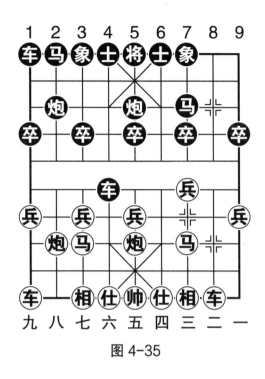

图 4-35

【第2题】 中炮过河车对屏风马平炮兑车布局中，在第4回合，红若不走兵七进一而当即走车二进六（如图4-36），以下，当黑走炮8平9邀兑红车时，红再走车二平三，比起正变来，不是可以顺手牵羊，捎带吃掉黑7路卒吗？你觉得红当即走车二进六这着棋好不好？

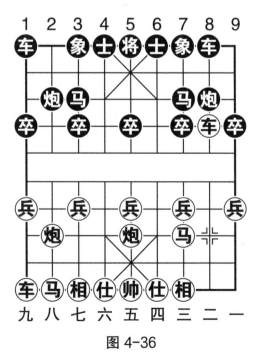

图 4-36

［解答］

【第 1 题】　黑车 4 进 4 捉红三兵同黑车 4 进 5 捉红七兵一样，均属冒进走法。如图4-35，以下变化将是：炮五平四，车 4 平 7（若不吃兵，红会接走相七进五再兵七进一，令黑车空跑），车二进二，马 2 进 1，相七进五，车 7 进 1，炮八退一，红接有左炮右移攻黑车之着，黑不好应付。

【第 2 题】　同正变相比，红的确可以多吃黑7卒，但多吃这一卒，恰恰对红有害无利。这是因为，当黑 7 路线上有这一挺起的黑卒时，面对黑平炮兑车若红车二平三，接下来黑炮 9 退 1 再炮 9 平 7 攻车后，7 路炮对红阵地的威胁还不是很大；但当黑 7 路线上没有这一卒时，黑 7 路炮便可直接轰击红阵地！故而，此局红方的出子次序最好是先挺起七兵，待黑进 7 卒，再进过河车。

第五章 实用残局

实用残局，指的是在残局阶段，根据子力对比及子力位置即可确定是胜局还是和局的局势。

实用残局，子力少而局面简单。学习实用残局，不仅可以使我们懂得这方面知识，也有助我们了解子力性能，并开始运用一些简单的战术技巧。

第一节 兵类实用残局

一、一兵难胜单士

如图5-1，红先：

兵五进一　士5退6

帅五平六　士6进5

帅六进一　士5退4

黑切勿走士5退6回原位，否则兵五平四，红胜。

兵五平四　将5平6！

切勿走将5进1，否则帅六进一，将5退1，兵四进一，士4进5，帅六平五，黑又要输。

帅六平五　士4进5

兵四平五　士5退4

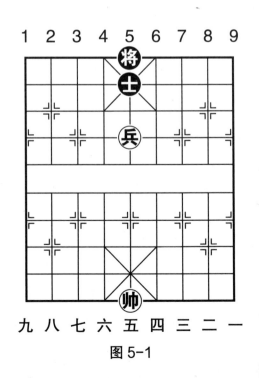

图 5-1

兵五平六　将6进1

红再也拿不出其他进取手段了，和局。

二、一兵（有仕）巧胜单士

如图5-2，倘红方无仕（如上局），或者黑老将先移至左右肋道，即成例和（读者可自行演变）。现红先可巧胜，战术手段是"左兵右帅"（实用时也可能是"右兵左帅"）。红先：

兵五进一　士5退6　兵五平六！

"左兵"控制将门。现黑方有三种应法，分演于下。

甲变：

将5平4　帅五平六　士6进5　兵六进一　将4平5　帅六平五！士5进4　帅五平四！士4退5　仕五退六！士5进4　帅四进一！士4退5　帅四平五　将5平6　兵六平五　红胜。

乙变：

士6进5　兵六进一　士5进6　帅五平四！士6退5　仕五退六！士5进6　帅四进一！将5平6　兵六平五　红胜。

丙变：

将5进1　帅五平四！将5退1　兵六进一　士6进5　仕五退六　士5退4　帅四进一　士4进5　帅四平五　将5平6　兵六平五　红胜。

有一个问题：把红仕换成相，红方也能赢吗？请读者自行演变。

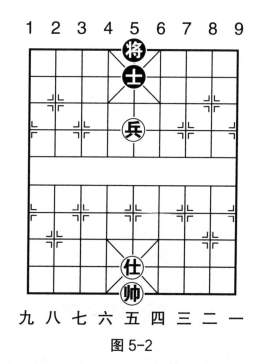

图 5-2

三、高低兵必胜双士

双兵能胜双士吗？这要依双兵的位置而定。且让我们从双兵一高一低的形势入手。

如图5-3，这是高低兵必胜双士的基本定式。红先：

兵二平三　将6退1

帅五进一！士5进6

兵六进一　士6退5

黑走士4进5红也同样取胜。

兵六平五　将6平5

兵五进一　士4进5

兵三平四　红胜。

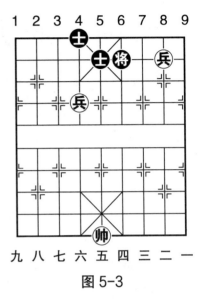

图 5-3

由此不难想见：双高兵也例胜双士；双低兵若是都拱到黑下二路呢，对登上三楼的黑老将则毫无办法！

四、双低兵巧胜双象

双兵能胜双象吗？也可设想一下：双兵中只要有一个是高兵，高兵即可借助帅力与另一兵形成双管齐下之势而必胜双象。双兵都是低兵，难以借上帅力，就要看有没有机会了。

如图5-4，黑高象若在3路即成和局，但现在红可巧胜。红先：

帅六平五　象7退9　兵三平二　象9进7

帅五进一！

红运用停着迫黑无棋可走，红胜定。

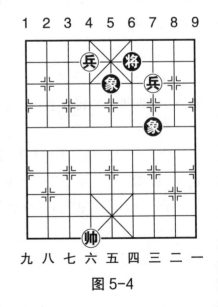

图 5-4

五、三高兵必胜士象全

三高兵取胜士象全的步骤是：①以一兵卡住黑一侧将门；②另外两兵从另一侧借助帅力强行突破；③做成"二鬼拍门"之势并以一兵破士；④用余下的两兵再次"二鬼拍门"。

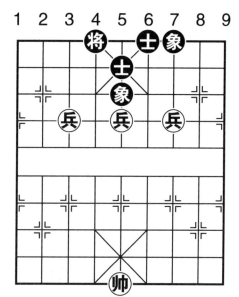

图 5-5

如图5-5，红先：

兵三进一 象5进3

兵三进一 象3退5

兵三平四 象5进3

兵七进一 象7进9

兵五平六 象9进7

帅五平六 象7退5

兵六进一！象5进7

兵六进一 将4平5

帅六平五 象7退5

兵六平五！士6进5

兵七进一 士5进6

兵七平六 象3退1

帅五平六

红胜。

请注意：红方冲兵时不要先把一兵冲到黑将门旁。如图5-6，这是士象全巧和三兵定式。

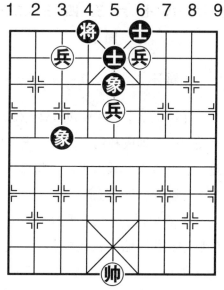

图 5-6

[习题]

【第1题】 如图5-7，独兵对双士。红先，红也有取胜的可能吗?

【第2题】 高低兵必胜双士，这是大家知道的。但如图5-8，红以高底兵对黑双士，红先，红能巧胜吗?

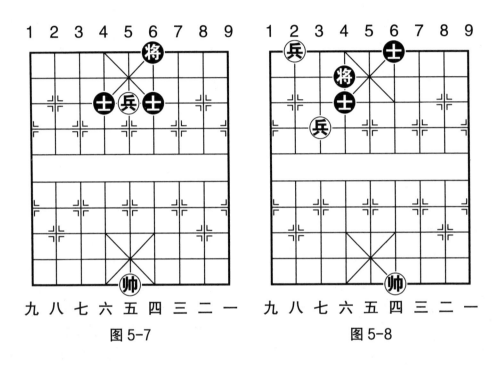

图 5-7   图 5-8

[解答]

【第1题】 红兵和黑双士位置特殊，红可巧胜：帅五平四（若以兵去士，黑落另一士即成和局），将6进1（若将6平5，则兵五平六，士6退5，兵六进一，红胜），兵五平六，将6平5，帅四进一! 将5退1，兵六进一，士6退5，帅四平五，红胜。

【第2题】 兵七平六（不让黑进将，要着），士4退5（黑若士6进5，红胜法相仿，略），兵八平七，士5进6，帅四平五，士6退5，帅五平六! 士5进6，兵六进一，将4平5，兵七平六，将5平6，后兵平五，士6退5，兵六平五，士5进6，前兵平四，士6退5，帅六平五，士5退6，帅五进一! 红胜。

第二节　马类实用残局

一、一马必胜单士

马对单士的胜法是"先擒士，后捉将"。马擒士的要诀则是把黑老将请上"三楼"，并且设法不让它下楼，马便乘机迂回包抄。

如图5-9，红先，七步棋便可把黑士捉到手：

马四退五　将4进1

红退马中路照将，迫使黑老将上三楼。倘黑改走将4退1下楼，则马五进七照将，黑当即丢士。

马五进三　士5进6

红进马捉士，黑若士5退4，红马步仍同主变。

马三退四　士6退5

红退马调整位置，黑老将不敢下楼，否则马四进六捉死士。

马四进六　士5退6

红马在迂回包抄途中仍不让黑老将下楼。

马六进八　士6进5

黑老将被困在三楼犄角，不能动弹，只得拱手把士奉送。

马八进七　将4退1　马七退五

红马唱罢"七步诗"，吃士胜定。

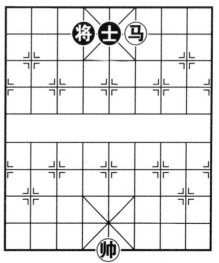

图 5-9

二、一马难胜单象

马，虽必胜单士，却难胜单象。这是因为，象的活动范围比士要大得多，而且走的是"田"字，走"日"字的马通常是捉不到它的。不过，象方若想保证不输棋，起码得会用"门东户西"（即老将与象不在同一侧）基本方法来防御，还需注意将象不分家、老将尽可能不登三楼等问题。

如图5-10，红先（黑先也是和局，略）：

马六进四　象3退5

帅五进一　将6进1

马四退六　象5进3

现黑"门东户西"，红无法取胜。

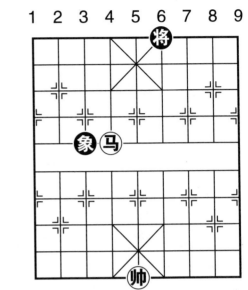

图 5-10

三、一马巧胜单象

如图5-11，黑老将误登三楼而不知危险。那，您就别下楼了。红先：

马五进七　象5退3

马七进六　象3进1

马六退八　象1进3

马八退六　象3退5

马六退五　将6退1

马五进三　将6平5

马三进五

吃象，红胜。

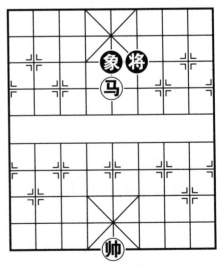

图 5-11

［习题］

【第1题】 马对双士，通常情况下为和局。但如图5-12，红先，红有巧胜机会。

【第2题】 如图5-13，马对单象，红先。红能巧胜吗?

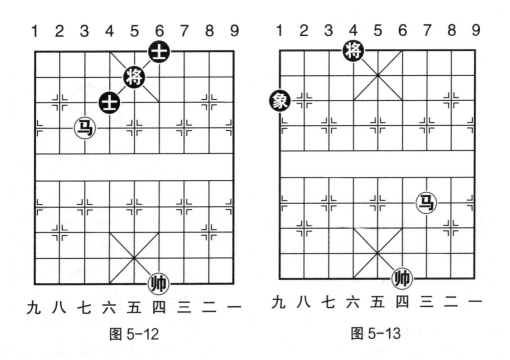

图 5-12　　　　　　　图 5-13

［解答］

【第1题】 帅四进一（切莫径走马七进八，否则将5平4，马八退七，将4退1，成和），将5退1，马七进八，士6进5（士4退5则帅四平五胜），帅四退一，士5退6，马八退六吃士，红胜。

【第2题】 甲变：帅四平五，象1退3，马三进四，将4进1，马四退六! 将4退1，马六进七，红胜。乙变：帅四平五，象1进3，马三进四，将4进1，马四进六! 将4退1，帅五进一! 象3退1，马六进八，红胜。丙变：帅四平五，将4进1，马三进四，将4退1，帅五进一! 将4进1，马四进六，将4退1，马六进八，红胜。

第三节 炮类实用残局

一、炮仕必胜双士

在学这个胜法之前，初学者不妨在脑袋里装个小小的棋盘，让我们一起设想：如果红方除了老帅只有一个炮，自然连黑方的光杆老将也赢不了。那么，给红方加上一相会怎么样？还是不顶用，因为红炮仍无法控制在肋道上的黑老将。若是用仕把相替换下来呢，则必胜对方单士或孤象，并且不算费事。现在黑方有双士，结果又会怎祥……大家恐怕弄不清了。确实，这需要我们摊开棋盘，用棋子来实地演练。

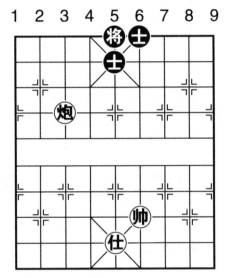

图 5-14

如图5-14，红先：

帅四平五　将5平4　炮七退六！

象棋有句谚语："残棋炮归家。"什么意思呢？请大家思考。

………… 士5进6　炮七平六　士6进5

黑摆出"羊角士"，为的是使老将活动自如，免遭困毙。但位于羊角之士恰恰是红炮将要攻击的靶子。

炮六进一！将4平5　帅五平六　士5退6

红方的目的是把黑老将逼往有羊角士的一边，以便控制黑各子运转。现黑落士是黑老将"不愿意去6路"的表白。实际上，将5平6，则炮六退一，将6平5，炮六平五……两种走法将殊途同归。黑方的努力是徒劳的。

炮六退一　士6进5　炮六平五　将5平6

炮五平四　将6平5　仕五进四　将5平6

帅六平五！

至此，黑若接走将6进1，则仕四退五闷宫杀；若士5退4或将6平5，则炮四进七破士胜。

如图5-15，换了一个图势。红帅这一回不必登三楼，反而赢得更快，但红需要用炮控制黑老将并走巧妙停着。红先：

仕六退五　将6平5　仕五进四　将5平4

红首先要把仕运到黑无士的一侧。

炮一平四！　将4平5　炮四平六！　将5平6

炮六平五！　士5进6

红方这三着平炮很妙，把黑老将赶到红有士的一侧，并且回不来了。

现黑被迫叉士，但士当即被红炮粘住。

炮五平四　士4退5　炮四退一！

停着，妙手。黑进将或走士要丢士，升将则仕四退五闷杀。红胜定。

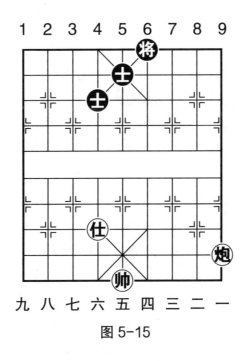

图 5-15

二、炮仕难胜单士象

炮仕必胜双士，这是因为双士活动范围仅限于九宫之内，总与老将互相挤撞，而它们又都在对方炮火之下。

若是把双士换成双象，炮仕能赢吗？可以想见，不能。因为双象连好后中防有保证，老将也灵活自如，炮仕无可奈何。

那么，黑若有一士一象，炮仕能赢吗？这需要我们实地演练才能得出结论。

如图5-16，红先：

炮七平六　士5进4　炮六进一　象7进9

仕六退五　士4退5　炮六退一　象9进7

仕五进四　象7退9　炮六平五　士5进6

炮五平六　象9进7

黑方的策略是：老将不轻易移动而与士互相保护，黑士随红仕而动，象远走高飞不来中路（免遭红炮打串）。这样，红无计可施。和局。

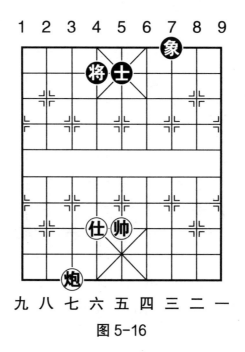

图 5-16

三、炮双仕难胜单马

单马方只要不走错，炮双仕无法取胜。

如图5-17，红先：

炮三退二　马1进2！

黑若马1进3，则炮三平七，将4进1，炮七进一，下着炮七平六，红胜。

炮三平七　将4进1

炮七进一　马2退3

炮七退一　马3进2

黑马跟住红炮，红炮无法照将。和局。

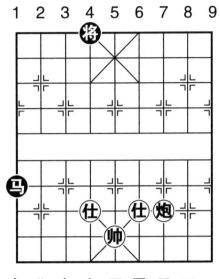

图 5-17

四、炮双仕难胜单炮

此局黑老将高悬，因而黑炮无法退守垫将。但黑另有妙法弈和。

如图5-18，红先：

仕五进六　炮3平4

仕六退五　炮4平3

炮四平六　炮3进1

炮六进一　将4退1

和局。

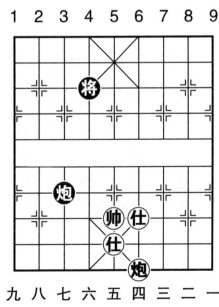

图 5-18

[习题]

【第1题】 如图5-19，炮仕必胜孤象，但红也得知道棋谚"残棋炮归家"才行。

红先，你走走看。

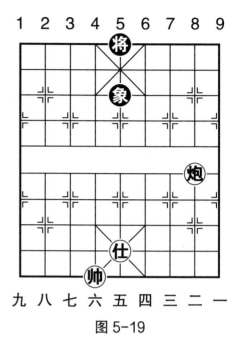

图 5-19

【第2题】 如图5-20，红双炮对黑双士，红能"必胜"吗？这，书上没讲过。不过我们可以推理：既然一炮加上一仕必胜双士，那么，以一炮替下一仕，岂不同样是必胜？炮怎么说也比仕威力大呀！红先，请为红找到取胜之道。

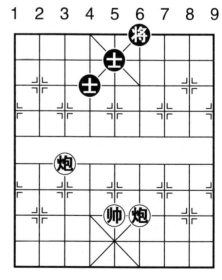

图 5-20

【第3题】　如图5-21，炮仕对单马，马若能踏到仕即成和局，马若能跟上炮也是和局。但轮红走棋，红可巧胜。

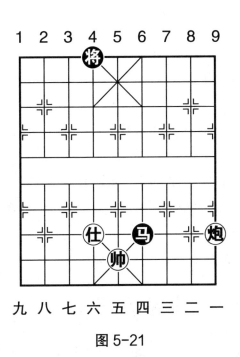

图 5-21

［解答］

【第1题】　炮二退四，象5进3，炮二平五，将5平6，帅六进一，将6进1，帅六进一，将6退1，帅六平五，象3退5，仕五进四，将6进1，炮五进七，红得象胜。

【第2题】　炮七平五（逼黑自杀），以下黑若将6进1，则炮五平四重炮杀，若士5退4则炮五平四白脸将杀。

【第3题】　炮一退二，马6进7，帅五进一，将4进1，炮一平二，将4退1，炮二进一，将4进1，炮二平六，白脸将杀。

第四节　车类实用残局

一、一车必胜双士

一车对光杆老将、一车对孤士的赢棋办法比较简单。一车对双士呢，则需大家动一动脑筋。

如图5-22，一车赢起来仍很简单，走车五平六或帅五平六均可困毙黑方。

如图5-23，黑方叉起羊角士，老将顿感宽松，但这也难不倒红方。红先：

车五平六　将5平6

先把黑老将撵到有士的一边，以便下面用帅粘住士。

车六平二　士5进4

黑老将回不了原位了，因红有白脸将杀着。

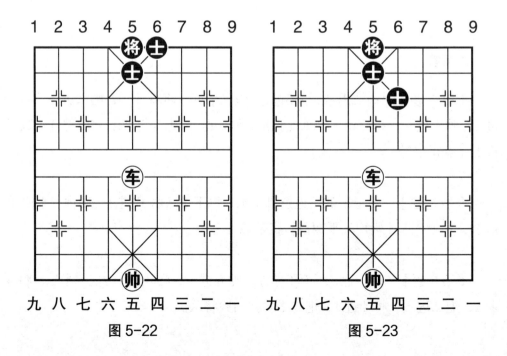

图 5-22　　　　　　　　　图 5-23

帅五平四　将6进1

黑若将6平5，则车二进五，将5进1，车二平四捉死士，红胜定。

车二进三　士4退5

车二进一　将6退1

车二平五

吃掉黑中士，黑欠行，红胜。

红车利用将帅不能直接照面的规则吃中士的手法，在棋战中经常要应用，值得留意。

下面读者可任意给黑双士换个位置，看看自己是否掌握了必胜之法。

二、一车必胜单缺象

给黑方再加一象（如图5-24），其名"单缺象"，红也必胜。这是因为，孤零零的象得不到任何保护，象行走的路线又固定不变，很容易被车捉去。具体胜法提示："十字街头捉大象"。

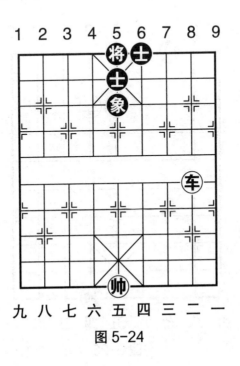

图 5-24

三、一车必胜双象

黑方双象防御的弱点是九宫"透风"，红方便可利用黑弱点用车穿梭似地进击。此外，红帅的控制作用也不要忽视。

如图5-25，红先：

车四进二　将5进1　帅四平五！象3进1

车四平九　象1进3　车九平七　将5平6

红车在老帅的配合下，对黑象跟踪追击，紧追不舍，现已迫使黑老将离开中路，红车由此可"坐大堂"。

车七平五　象5进7　车五退四　象7退5

车五平四　将6平5　车四平七

红车利用老帅粘住黑中象便可吃掉黑另一象，红胜定。

请读者把黑底象换至河沿成高象，红应怎样取胜？大家可独立思考。

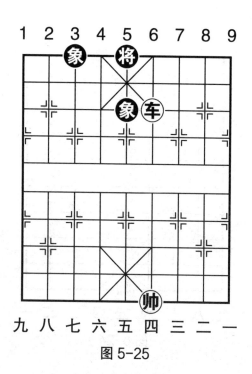

图5-25

四、一车必胜单缺士

给黑方的双象再加上一士，叫"单缺士"，这样的阵容也无法抵挡红车的进攻。

如图5-26，红先：

车四平二　象5退7　车二进二　象3进5

帅五进一！士5退4

以上，红首先平车，威胁着走车二进三照将再帅五平四捉死士，所以黑落象防御。而后，红继进车捉中士再用帅走停着，黑无可奈何，只好走中士形成九宫透风，任由红车穿行。红方的第一阶段任务完成。

车二平八　士4进5　车八进一　士5退4　帅五平六

借帅力捉死黑士，这是红方第二阶段任务。以下第三阶段呢，便是一车胜双象了，着法从略。

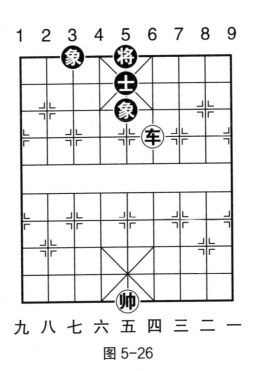

图 5-26

五、一车难胜士象全

黑双士加上双象的营垒犹如"双保险"。通常红车即使借用帅力也无隙可乘。

以士象全防御红车，士象集中在中路附近自然最牢稳，但稍稍分散一般也无妨，只要没有明显空当就行。

如图5-27，黑双象位置欠佳，老将不安于位，但只要着法无误，也输不了。红先：

车八退一　将4退1

车八平五　将4进1！

正着。黑若急于走将4平5（误以为安全），则帅五平六，黑就只有送象给红车吃了。

车五平六　士5进4

帅五平六　士6进5

车六平八　将4退1

车八平二　将4平5！

正着。黑若误走象3进5，则车二进四，将4进1，车二平九，象1进3，车九退一，黑丢士输定。

帅六平五　象3进5

车二进四　士5退6

帅五平四　士4退5

车二退二　象1退3

至此，黑已组成理想的防御阵形。和局。

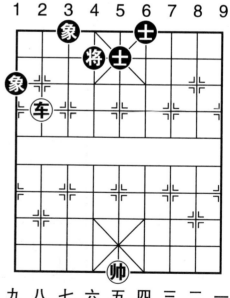

图 5-27

[习题]

【第1题】　如图5-28，一车对士象全，一旦给黑走出象7退5，即成和局。红先。

【第2题】　如图5-29，仍是一车对士象全，黑马上就要走象1退3了。红先。

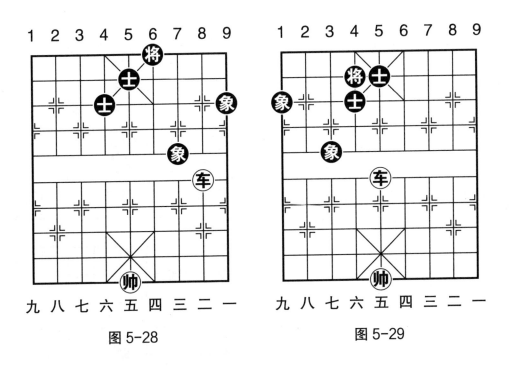

图 5-28　　　　　　　　　　图 5-29

[解答]

【第1题】　车二进五，将6进1，车二平一（牵制黑各子，不让其归位），将6进1，车一退一，士5退6，车一平二（畅通车路，随时可退车以白脸将杀黑三楼老将），士6进5，帅五进一（等黑落士），士5退6，车二退二，下着车二平四杀，无解。

【第2题】　帅五平六（不怕黑落象，因红有妙着等候），象1退3，车五平七！象3进1（无奈，若象3退1则车七进四照将抽中士），车七平八，将4退1，车八进五，将4进1，车八退一，将4退1，车八平五，红胜。

第五节　其他实用残局

一、马高兵必胜单缺士

马高兵对单缺士的棋形可有多种，而马兵方制胜的方法则不外乎"左兵右帅"。

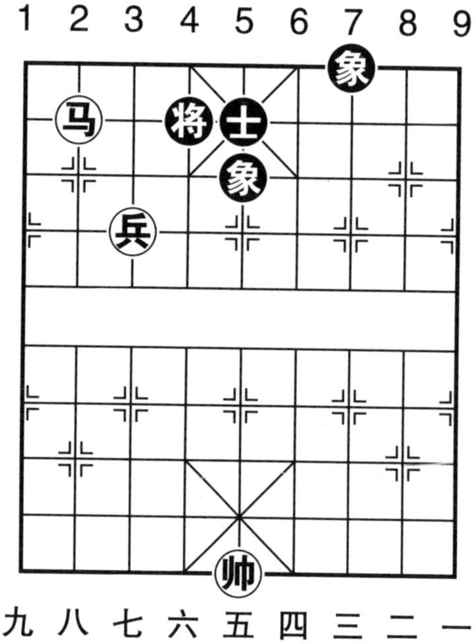

如图5-30，红先：

兵七进一　象5进3

兵七进一　将4退1

黑若将4进1，等于自憋在三楼犄角，坐以得毙，红策马选位便可将死它：马八退九，象7进5，马九退八，士5进6，马八进六，士6退5，马六进四杀。

马八退七　象7进5

兵七平六　将4平5

帅五平四

至此，红左兵与右帅均已就位，下面是红千里马奔槽路线。

图 5-30

………　象5进7　马七退五　象3退5

马五退三　士5进6　马三退二　士6退5

马二进一　士5进6　马一进二　将5平6

黑以士为钓饵，诱红马二进四食之，再行将6进1拴马。红岂会中招？

兵六平五　象5进3　马二进一　象3退5

马一退三

红胜。

二、马高兵必胜单缺象

马高兵制胜单缺象的关键是：利用黑孤象弱点，马兵联合起来先捉死象。

如图5-31，红先：

兵四平五！象5退3

兵在中路"站岗"，黑象便只能在一侧活动了。

马六进八　象3进1

以下红马站岗，兵活捉黑象。

兵五平六　将5平6　兵六平七　将6进1　兵七平八　将6退1

兵八平九

捉死黑象后，成马兵必胜双士的局势。

仍如图5-31，若红兵四平五时，黑走象5进7，则红捉死黑象相对麻烦一些，但黑象也难逃一死。如：

兵四平五　象5进7　马六退五　象7退9　马五进四　象9进7

马四进二　象7退9　兵五平四

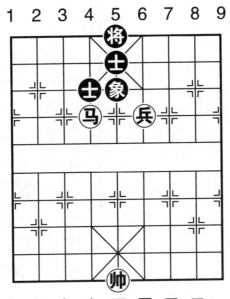

图 5-31

仍然是先用兵不让象飞中路，然后用马把象控制在边路，最后用兵一步步去把象拱死。

三、炮兵（无仕相）巧胜士象全

炮兵（无仕相）在通常情况下根本无法胜士象全。如图5-32，这是少见的例外，但红方的控制战术值得我们欣赏和学习。红先：

炮二平五！ 象1进3

运炮封锁中路，黑只有边象可以活动。

炮五进三　象3退1　帅六平五！

运帅可以配合小兵成杀。

…………　象1进3　帅五平四　象3退1　炮五平二　士6进5

帅四平五　象1进3

这两个回合，红迫黑补起左士，使小兵控制将门；再平帅控制中路，使黑只能走边象。

炮二平七！象3退1

帅五退一　象3进5

红走停着，利用闷宫杀着迫黑象来中路，便于下着立中炮，黑老将由此有了一顶"铁帽子"。

炮七平五　象1退3

帅五平四

成小兵锁将门的"小铁门闩"杀局，妙胜。

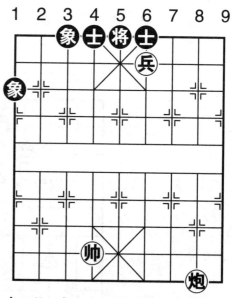

图5-32

四、车炮（占中）必胜单车

如图5-33，红车炮对黑单车，红净多一炮，可问题是，红上哪儿去找炮架子呀，若是没架子炮又有什么用呢？啊，找到了，炮架子就是黑老将！红先：

炮二进五　　车4退1

首先，炮要调到左边来，而办法之一便是把炮移到红车所占横线上，免得黑用车或老将阻挡。

车五进四　将4进1　炮二平七

红车一打将，炮就调左边来了。

…………　车4平3　炮七进四　车3平4　炮七平六　车4平3

把黑老将当作炮架子来攻黑车，迫使黑车离开肋道，叫"海底捞月"。多么形象而生动的名字！

车五退三　红胜。

车炮若不占中，也能"海底捞月"吗？读者可拿棋子摆一摆，当有收获。不过可以把答案先告诉你，若黑车占中，红通常是赢不了的。

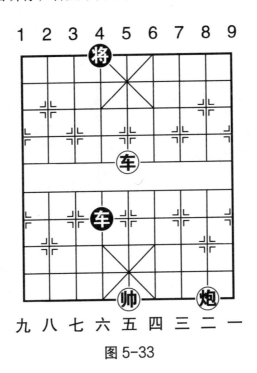

图 5-33

[习题]

【第1题】 马低兵对炮双士，多弈成和局。但如图5-34，红已形成兵锁将门之势，加之红先，红可巧胜。你来试试吧！

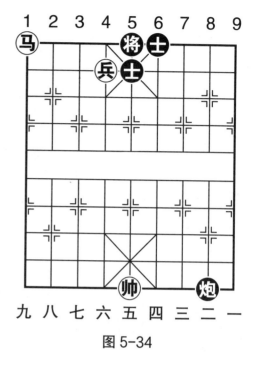

图 5-34

【第2题】 炮底兵对士象全，通常情况不可能赢。但如图5-35，红先，红可巧胜。

希望你不看答案就能解答出来。

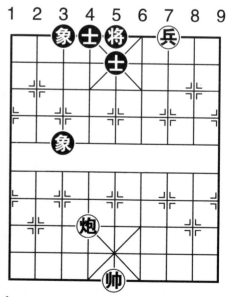

图 5-35

【第3题】 如图5-36，车炮对单车，但黑车坐花心，黑将又不在中路。红先，红能赢吗?

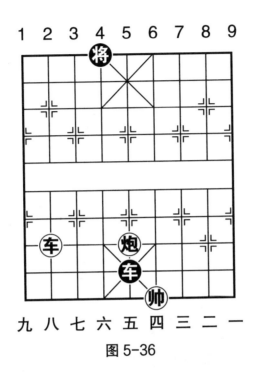

图 5-36

[解答]

【第1题】 兵六平七，将5平4，马九退八，炮8退7，兵七进一，将4平5，马八退六，炮8退1，马六进四，炮8平6，帅五进一，红胜。

【第2题】 炮六平二，象3退5，炮二平五，象3进1，帅五平四，下着兵三平四杀，红胜。

【第3题】 车八进七，将4进1，车八平五，将4进1，车五退一，车5平4，炮五平七，车4退1，炮七进七，车4退1，帅四平五，车4退1，炮七平六，车4平3，车五退二，红胜。

第六章　战术与技巧

第一节　谋子

谋子是象棋技战术的主要内容之一。谋子的作用则是设法消灭"敌人"——棋盘上对方的子力。初学者不难想见，若是敌众我寡，人家以多欺少，这仗还怎么打？反之，己方若是能以兵多将广攻打对方的散兵游勇，那有多开心！

一、抽吃

我们曾见过一些较为简单的抽吃，下面继续看两例。

如图6-1，红先：

马六退四！士5进6

马四进五　士6退5

马五退四　士5进6

马四进二！士6退5

马二进四　士5进6

马四进六　士6退5

马六进八

红运马如龙，终抽掉黑车，成红马炮双兵对黑马双卒的多子有利局面。

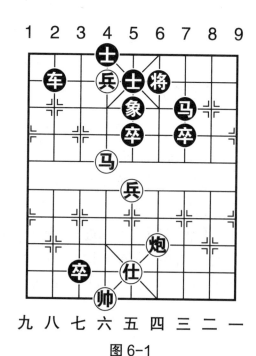

图6-1

这局棋红马在抽吃黑车的过程中，为什么要吃掉黑中卒再退回原位？为什么不顺手牵羊吃掉黑7卒？问题留给大家思考。

抽子，需要辨清是真抽子，还是假抽子。

如图6-2，红黑各有车马炮，双方对攻，轮红走棋。现红敢不敢走车四平八要杀，也就是说，怕不怕黑退车抽车抽马，这是个需要事先想清楚的问题。实际上，黑哪个子也抽不到：

车四平八！　车8退8

炮四进八！　车8进8

炮四退八！　车8退7

炮四进七！

红炮随黑车而走，总能挡住黑车，使黑车无法借抽子解钓鱼马杀着。红炮此时名曰"皮脸炮"，虽不中听，走法却是符合棋规的；反观黑方，若不变着而"长将"下去，则属"违规"。红胜。

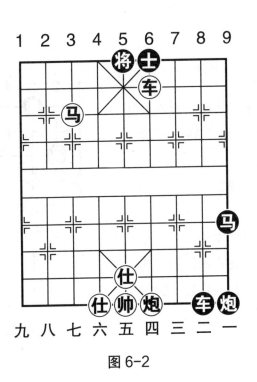

图6-2

二、胁吃

胁吃，是借威胁对方老将（或者是借威胁对方价值较高的子力）来吃子的谋子技术。

如图6-3，红以车双炮对黑车双马，红边炮正遭黑车马围困。红怎么办？红有借"铁门闩"杀着来胁吃黑马的手段。红先：

车二平六！马7退5

面临老将要死，黑忍痛送上一匹马。

车六平五

红靠胁吃手段获多子之优势。

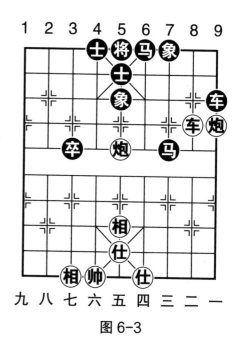

图 6-3

如图6-4，黑车正要照将再吃红边马。红逃马吗？不，红有胁吃手段。

红先：

车五退三！车7退3

车五平二

红借卧槽马杀着胁吃黑车，迫令黑车不但不敢吃红车，还得窝窝囊囊地逃走。红车能把黑马吃掉，这便是胁吃的妙处。

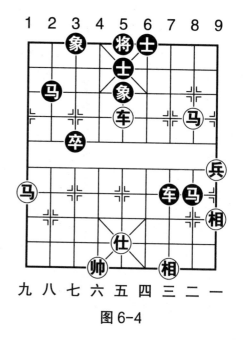

图 6-4

如图6-5，红一车双马双炮对黑双车马炮，子力大体相当，但黑正面临红卧槽马的杀法，轮至走棋的黑方该怎么应对？但见黑拿出了胁吃之着：

………… 炮2进6！

黑进炮仅仅是攻打红车吗？不，黑是在胁吃红车，因为红不论逃车还是躲炮，黑都要走车7平6砍仕，以下帅五平四，车8进9杀！因此红车必丢。

黑进炮攻车一着真是一锤定音的胁吃妙手！

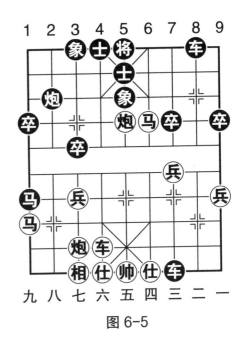

图 6-5

三、围困

围困的意思容易理解：如果在棋盘的某一个区域，己方子力众多，对方子力孤单，不论对方子力是哪一种，己方都可以以多打少，围困对方进而歼灭它。

如图6-6，这局棋刚刚进入中局，黑马便脱离集体，孤身过河，岂能不遭围困？红先：

车四进二！卒7进1

相三进一！炮2进6

黑进炮准备走炮2平7保马，但意图被红识破。

仕四进五！士4进5 相一进三

黑马无法脱逃。

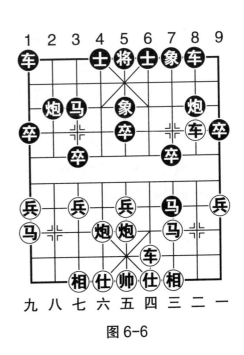

图 6-6

如图6-7，黑左炮突入红阵地去拦截红车，企图不让红车参战，却忽略了孤炮深入红阵地易遭伏击的问题。现轮到红走棋，红可围困而歼灭黑炮：

炮五平二！　炮8进1

马五退四

黑炮走投无路，成了俘虏。

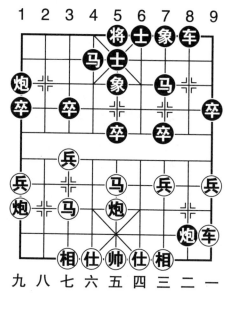

图 6-7

如图6-8，双方大子仅兑掉一车，现黑车正捉红马，看似得先，不料已误入红埋伏圈。请看红打伏击过程（红先）：

马七进五！车7进2

红跃马伏相七进五捉死黑车，黑车吃马实属"硬着头皮"。

相七进五　车7进1

炮五平六　将4平5

炮六退五

黑车就擒。

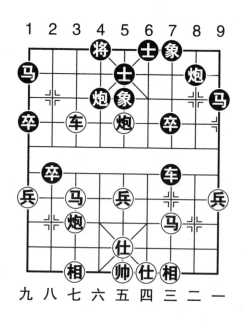

图 6-8

四、牵制

同"以多困少"的围困战术特点相比，牵制战术的特点是"以少困多"。

如图6-9，红右车巡河，而后左马盘河，看似子力协调，阵地安稳，其实，黑只要接走炮 2 进 3 便会如串冰糖葫芦一般把红车马二子牢牢牵制，以下还有车 1 平 4 或马 7 进 6 等捉吃红马之着，对红大大不利。

黑进炮牵制之着，名"猴拉马"，多形象！

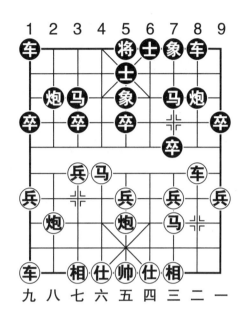

图 6-9

若是子力遭对方牵制，又有什么办法摆脱牵制呢？

请看图6-10，红左翼车炮遭黑车牵制，似乎无计可施，但红拿出了摆脱妙计。红先：

马三进四！ 车 6 进 4

红马迎着黑车跃出，下伏平炮叫闷宫反抽黑车之着。

黑车若不吃马，也确实没有解着。

炮八平二 车 6 平 8

车八进四 车 8 进 2

车八进三

一番兑子之后，黑右翼遭攻吃紧，红稳占优势。

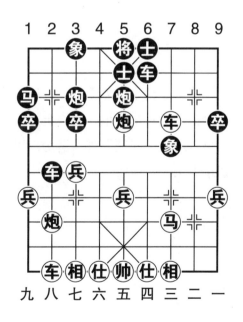

图 6-10

[习题]

【第 1 题】 如图6-11，双方各有车马双炮进行对攻，黑伏车 1 平 4 杀着，但轮红走棋，就看红的抽将技术怎么样了。

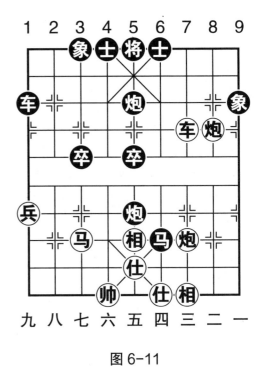

图 6-11

【第 2 题】 如图6-12，红右马跳出造成右车脱根，轮黑走棋，黑可针对这一问题发难。请走出黑谋子着法。

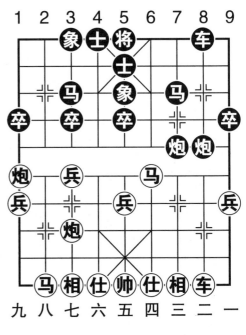

图 6-12

【第 3 题】　如图6-13，黑刚走了一着车 8 进 1，轮红走棋。红很想走炮二平五照将抽红车，却怕黑接走炮 5 进 4 反将，于是准备先行补仕。请问：红仕四进五这着棋好吗？

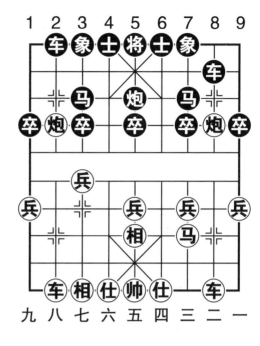

图 6-13

【第 4 题】　如图6-14，红黑子力完全相同，各有车马炮两兵（卒），红车马虽已杀过河界，但被黑车轻轻拉住，于是红刚刚进边兵为车生根。请问：轮到走棋的黑方还有谋子的机会吗？

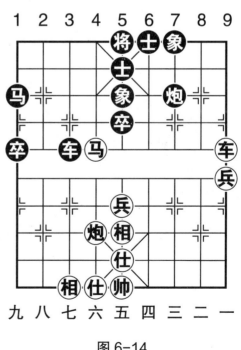

图 6-14

【第5题】 如图6-15，红以车双马对黑车马炮，但黑车炮被牵制，轮到走棋的黑方应该怎样摆脱牵制呢？

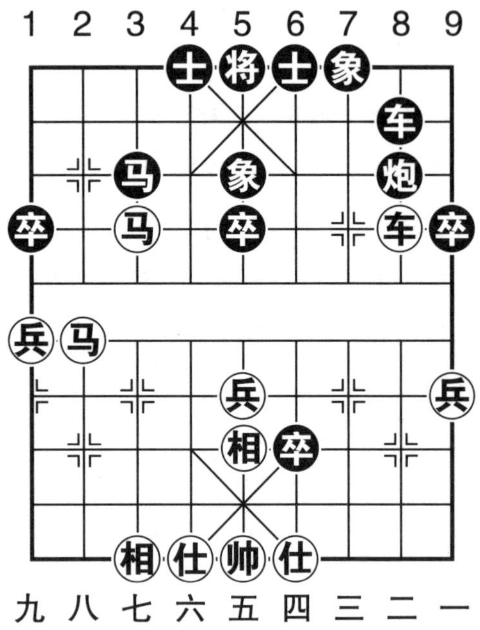

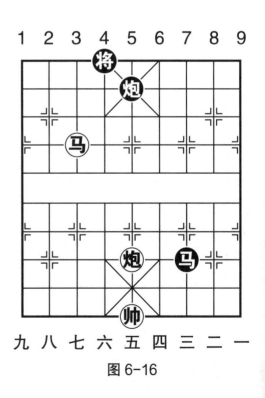

图 6-15

【第6题】 如图6-16，棋盘上双方各剩一马一炮，连同帅将统共才有六个棋子。黑炮还在照将红帅，轮红走棋，红想接走马七进五解将兼捉黑炮，这着棋怎么样？

图 6-16

[解答]

【第1题】　炮二进三，士6进5，车三进三，士5退6，车三退二（借将选位），士6进5，车三平五，红利用抽将杀炮，伏炮三进七重炮杀着，得子胜定。

【第2题】　卒1进1，炮九平八，炮7平2（伏炮8平5和炮2进5双重威胁），相三进五，炮2进5，黑胁吃红车得子。

【第3题】　仕四进五（不见黑双车抢炮手段，坏棋，宜改走车二进一策应左翼），车8平2，炮八进三，车2进8，炮八平九，车2退9，红炮遭围困，无路可逃。

【第4题】　卒5进1，车一平五，炮7进2，连牵带围，红马死。

【第5题】　黑需及时走出卒6进1（否则，一旦给红抢先走出仕六进五再相五进三，黑即难觅机会），准备卒6进1拱仕再借车8平6照将脱钩。红若接仕四进五，则车8平7要杀，摆脱牵制；又若接仕六进五，则炮8平7要杀，也能摆脱牵制。

【第6题】　马七进五（只顾牵制黑炮，其实却是反要遭牵制的坏棋，宜改走炮五平四），将4平5！炮五进六（除此无他着可走），将5进1，黑得子胜定。

第二节　兑子

一盘棋弈过十来个回合之后，随着双方阵容布置就绪，两军子力之间的矛盾便会尖锐起来，酿成局部冲突乃至全面厮杀，中局就这样开始了。

中局上承开局，下启残局，子力纵横交错，变化纷繁复杂，争斗激烈而漫长。由此，我们不难想见，中局所需的战术和技巧该是多么丰富多彩。

子力交换，即兑子，是棋战中经常遇到的情况。像一马换一马或一炮，一车换双炮，若仅用一般的子力价值来衡量，倒也不赔不赚。不过，就在这看似不赔不赚的兑子过程中，作为战术手段的兑子却能使双方形势的对比产生变化。对于象棋高手来说，子力兑换更是他们"大做文章"之处。

一、这是等价交换吗

如图6-17中局形势，此时红方虽少一子，但已有一兵冲入黑方九宫，攻势正旺。在此形势下，黑方走：

……………　车8平3

黑车来邀兑红车，这是等价交换吗？显然不是。因为红若兑车则攻势懈怠，黑方却有转危为安的希望。

但，红车若不想兑换又该到哪里去呢？

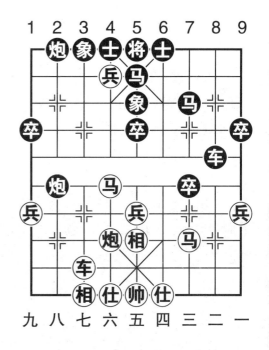

图6-17

车七平八！（图6-18） 马7进6

红车避兑而顺势在黑方炮口之下强行捉黑炮，好棋！

黑见不敢走后炮进8吃红车，又生一计——跃马邀兑红河口马。黑方的如意算盘是：你红马一动，我就炮2进8吃你的车；你若是车八进三吃炮，我就马6进4兑掉你的河口马，交换之后红方虽能多吃我一子，我却能在下风中周旋，不见得输棋……

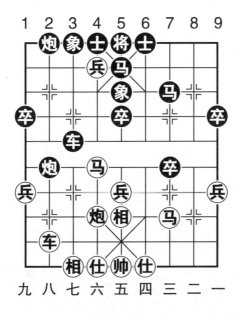

图 6-18

马六进四！ 车3平6

红车不离炮口而将计就计，硬是兑马，以争先取势，这又是一步好棋。

黑方仔细一看，若是炮2进8去车，原来红要走马四进二奔袭做杀！那时黑只有车3平6弃车解杀，则兵六平五去马，士6进5去兵，马二退四去车，经过交换，红方将以双马一炮对黑双炮，黑方输定。现黑方只有平车先吃掉红马了，尽管这样交换也要吃亏。

兵六平五 士6进5 车八进三

至此，双方弈成红车马炮对黑车炮，红方在子力交换过程中获得利益，已多子胜定。

二、为"铁门闩"扫清障碍

如图6-19局势，战况如下（红先）：

炮八进七！车1平2

红以炮兑换黑原始位的马，在通常情况下等于帮黑方出车，不可取。但在此局中，这却是好棋。因为兑掉黑马可确保中炮不被黑跃马干扰，从而为后面的铁门闩杀法扫清障碍。

车二进五　象3进1　车二平六　车2平4　车七平六！车4平3

上一回合黑平肋车邀兑红车，企图借兑车使老将溜出，避免"铁门闩"。而红连车弃马来兑车，这样兑子又是一步好棋。黑如车4进4兑车，则车六进五后黑老将仍要被锁在门内，红下着帅五平六即可成杀。现在，黑车只得避兑。

后车进二　前车平5　炮五退一　车5平3　帅五平六　炮2退6

前车进三　前车平5　后车进三　车5退1　马七进八

以上，红方倚仗"铁门闩"杀法造成黑方"全身瘫痪"，尔后跃马助攻，如虎添翼，黑败局已定。

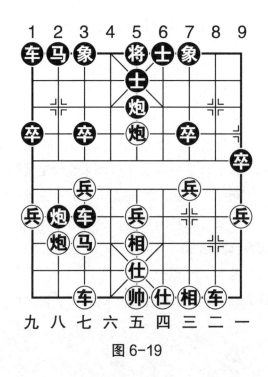

图 6-19

三、为了老帅安全

如图6-20局面，这是一则将"兑子"用于防守的例局。

观图可知，红以一车双马双炮对黑一车双马一炮，红多一炮。但此时黑有攻势，已迫红帅不安于位，下一步更有马8退7捉仕的凶着。对于轮至走棋的红方来说，应该怎样抵挡才是？让我们欣赏红方通过"兑子"化解黑攻势的战况。红先：

炮五退二！　炮7平5　帅六退一　象5进3　帅六平五

红先送一炮给黑方吃，再用老帅捉死黑炮，这是先弃后取的兑子战术。黑炮被兑掉后，攻势大大削弱。

…………　马3进4　兵七进一　车4进1　兵七进一　马4进5

仕六退五　卒8平7　马七进五　车4平5　马九进七　车5平3

相七进五

红再迫兑黑方一马，黑少子而无攻势，败局已在所难免。

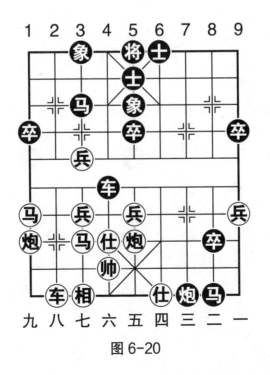

图 6-20

四、从兑马开始

如图6-21形势，现双方各有一车双马双炮，子力相当，各自在对方右翼屯兵。在此形势下，红方可利用兑换子力的手段来达到借势谋子的目的。红先：

马七进九！象3进1

见红马欲奔卧槽攻击黑老将，黑只好以象去马，但不曾想红方的续着并不是炮九进二交换，而是要让黑象自绊马腿而不能保槽。

马六进八！炮7平3

倘红改走马六进五吃象奔卧槽，黑方还有车8退5解围之着，但现在红马走另一条路奔卧槽，就使黑中象自我堵塞了退车解围之路。

这样，黑只有调炮保卧槽。

车四退一

红乘机退车"挑一担"。

………… 象1退3 马八进九 车8退4 兵九进一 马9进8

车四平七

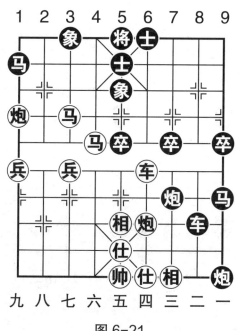

图6-21

红从"兑马"开始，六着棋一气呵成，结果是送给黑一马而赚回一马一炮，真是谋子有方。

五、刹车

如图6-22局势，上一回合红用右车兜吃黑马，黑则走炮2平1邀兑红左车，意在兑车之后，右炮恰好保住7路马不受攻击，形成稳健的防御阵形。

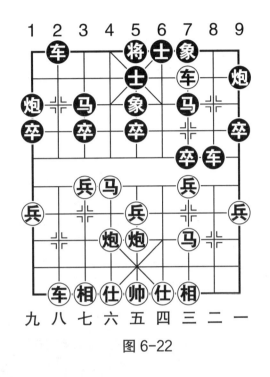

图 6-22

现轮至走棋的红方该怎么办？兑车，等于帮黑方解7路马之围；不兑呢，车却没有缩回原位的道理。实战中，只见红方拿起车来往前走：

车八进二！

红车于行进间突然刹车！原来，红方的办法是进车生根，静候黑车来兑，红兑子手法高明。

………… 车2进7　炮五平八　马3退2

红方这种"刹车"的兑车手法造成了黑左马在兑车后依然受攻，而红中炮却借机转战八路（便于继续攻打黑7路马）。

现黑被迫退右马，避免失子。

炮八进五　卒7进1　炮八平三！

用炮吃马正确。红如随手车三退一吃马，黑可车8平2捉炮夺回一子，黑将计谋得逞，红前功尽弃。

………… 炮1退1　炮三进二　象5退7

车三退四

红得象占优，这是当初红"刹车"兑车的收获。

六、见缝插针 巧着渡兵

如图6-23形势，由于上一手黑走炮8平6，红黑两车照面。现红方除了兑车还有什么其他着法可选择呢？看似没有，红只好兑车吧……但在实战中，红方在这看来普普通通的兑车过程中却突发巧着。红先：

兵三进一！ 车8进5 马三进二 车1平8

兵三平四 马2退3

兑车后红兵不但渡河吃掉黑炮，而且车正捉吃黑右马，黑马还得逃跑。

兵四进一 卒7进1 兵四平三 马7退8

车八退二 马3进4 车八平五

红兵渡河后横冲直撞，把黑阵搅得散乱不堪，红再以车扫中卒，大占优势。

看来，兑子还真有些学问呢。

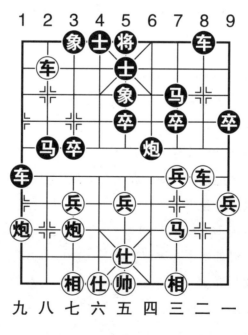

图 6-23

第三节　运子

运子，从表面来看，是将棋子从一个地方走到另一个地方。但在这运调过程中，常常蕴含着弈者种种巧妙的构想，这就是运子战术。

一、调虎离山　运车奇袭

如图6-24局势，轮红走棋。现双方子力完全相等。形势对比呢，红虽有马奔卧槽和炮锁将门之优，但黑却重兵设防。红应该从哪里突破黑防线呢？实战中，红针对黑左翼子力拥挤的问题，采用运子取势战术调车袭击黑方左翼。红先：

兵三进一！　车8平7

红弃三兵给黑车吃，使黑车离开8路线，以便下面红车占领这条线，这种战术叫"调虎离山"。

车八退三　马3进4

车八平二　马4进6

红河口马固然重要，但将车紧急调运过来更为重要。

车二进六　车7平8

车二进一！

红于兑车时不兑也不避，而是轻移一步车，使黑炮不能保卧槽，狠极，妙极。黑为解救卧槽马杀着必然失子。红胜定。

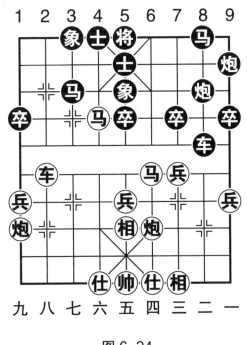

图 6-24

二、围魏救赵

如图6-25局势，轮红走棋。红以双车双炮对黑双车双马，子力大体相当。现红虽缺一相，但有七兵过河之优，且七兵有拱死黑边马之势。问题是，此兵正遭黑车捉吃，怎么办？倘红走兵七平六躲避，就离黑边马远了一步，如同"南辕北辙"，而黑却可车3退3捉炮而将边马走活。实战中，红采用"围魏救赵"战术，从右翼运车牵制黑左马，从而保证了左翼过河兵对黑右马的攻击。红先：

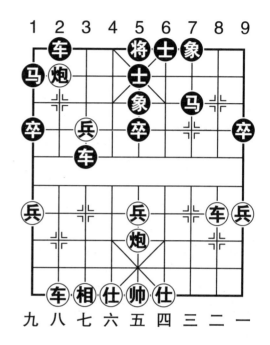

图 6-25

车二进四！ 马7进8

红进车捉黑马，好棋。黑若马7进6，则车二退二牵制，黑车无法脱身，红过河兵可无忧无虑地直奔黑边马。

现黑左马只好改变方向而走，但实际上仍然难于摆脱牵制。

兵七进一　马8退6

车二平三！ 马6进8

由于红平车后伏有车三退一蹩马，黑车不敢吃兵，否则马死。

车三平二！ 马8退6

车二平三　马6进8

车三平二　马8进6

兵七平八

黑马长捉红车是违犯棋规的，黑只得改退马为进马。于是红方正好腾出手来拱兵逼马。至此，黑边马必丢。红妙手运车，围魏救赵，赢得大好局面。

三、运炮夺马记

如图6-26局势，现双方子力虽然相当，但红子力位置却比黑好得多。于是轮至走棋的红方针对黑子力散落的弱点，巧妙地用炮连续打顿挫。红先：

炮六平三！马7退9

炮三平四！车8平6

炮四平九！

红运炮先赶走黑左马，尔后打将，再平炮攻黑右马同时兑车，一连串妙手使黑马必丢。

…………　车6进6

仕五退四　将6退1

兑车后红有炮九平四闷宫杀着，黑只得先躲老将，边马顾不得了。

炮九进四

红得马胜定。

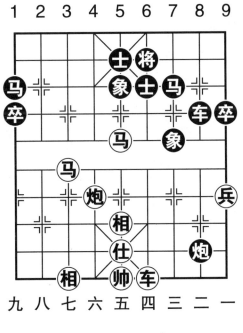

图 6-26

四、千里走单骑

如图6-27形势，黑先。现双方各有车马炮，子力相当，但红马不便挪动（否则丢相），车不能纵向移动（否则丢马），黑便策马直奔红左翼而来：

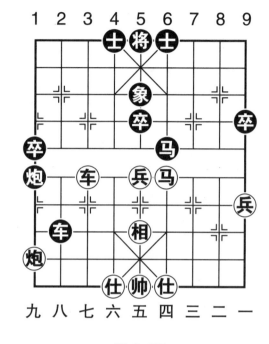

………… 马6退4！

车七平六

红如改走车七进二捉马，则炮1平6换马，之后黑车吃相再吃中兵，红损失惨重。

………… 马4进2

车六平七　马2进1

车七退一　马1进2！

黑借边炮吊住红巡河车之机，

图 6-27

快马加鞭，终形成在马踏车的同时以炮攻炮的局面，迫使红车放弃巡河。但黑马不停蹄又来蹩红炮。

车七平四

红如改走兵五进一，则车2平1捉死黑炮。但平车保马又造成自绊马腿，致使中相丢失，局势真是捉襟见肘。

………… 车2平5

仕四进五　炮1平3

帅五平四　炮3平6

车四进一　车5平1

车捉马蹩，红炮死，黑胜定。

五、二仕争功

看过运车、运炮、运马，我们再来看运仕。

如图6-28局势，现双方子力相当，但黑车已误入"峡谷"，红便运子生擒黑车。红先：

炮二退一！　车3进1　仕五退六　车3退1

黑如车3平1，红炮二平九打死车。

仕四进五　炮7进2　车四退五　炮7退2

车四进一　炮7进2　车四平三　炮7平6

以上，红车利用顿挫调整位置，再横向捉黑炮，迫使黑炮逃向6路，为继之而来的炮、仕联合擒车铺平道路。

仕五进四　炮6进1　仕六进五　炮6退1

仕五退四

红用双仕箍住黑炮，迫使黑炮充当炮架，黑车终于就擒。

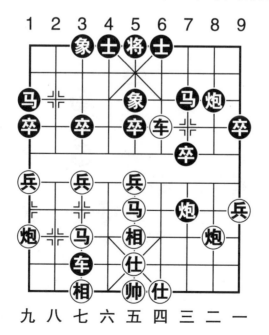

图6-28

169

六、元帅大脱袍

如图6-29局势，现双方子力对等，呈互缠局面，轮至红方走棋。红方看似无好棋可走，其实早蓄有运子妙手。红先：

马八进六！马7进8

红进马送吃，黑原以为黑马3进4之后，红会炮八平三换马。但一细看，发觉红方并非想这样换马，而是想走车三进五去象捉双（黑不能象5进7去车，否则炮八进二杀）。所以黑方先逃左马以避免红方顺手牵羊白吃黑象。不过，黑方没有料到，红方棋高一着，对黑逃左马的企图也有妙着等候。

相五进七！

红扬相之后前马捉黑马，后马踏黑车，这一运相战术名叫"元帅大脱袍"。

………… 炮3平5 帅五平四 车6退2 前马进七

红白白吃掉黑马，奠定胜局。

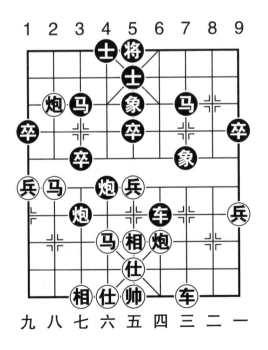

图 6-29

第四节　弃子

弃子，是通过牺牲部分子力来换取全局利益的战术性着法。弃子所牺牲的子力不拘车马炮各强子，所换取的利益有：取势占优、控制局面、得子、入局直至将死对方等。

一位象棋大师曾经说过："你会弃子，就说明你会下棋了。"这是因为，弃子需要对棋局有全面而深刻的分析，需要捕捉战机，需要想象力、魄力和准确的计算。

一、瞄准软肋　左右开弓

如图6-30局势，轮红走棋。红方正对黑方发动猛攻，黑方则采取密集防守方案负隅顽抗。怎样才能炸开黑方营垒呢？实战中，红方瞄准黑方 4 路软肋，从弃车砍炮开始攻杀。红先：

车八进一！　车 4 平 2

车七平六　车 2 平 4

马四进三！象 5 进 7

红左有车攻黑软肋，右有骏马攻黑士角，攻势异常凌厉！对红左右开弓的精妙着法，黑无可奈何，只能先解挂角马杀势，顾不了车了。

车六退一　马 5 退 3

前炮平七　车 2 平 3

车六平三

经过这一战役，红多子得势，奠定胜局。

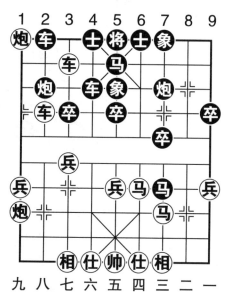

图 6-30

二、将计就计　虎口献马

如图6-31形势，红以双车双马一炮同黑双车一马双炮缠斗正酣。上一着红走炮九平八企图夺黑一炮，不料黑早有防范而将计就计。黑先：

……………　马6进5！

虎口献马，大出红方意料。

马五进三

红忍痛跳出窝心马。红若以相去马则炮2平5叫将抽红一车。

…………　炮2进2　车六退五　车2进8　车六平八　车8平2

针对红车不敢离开下二路的弱点（若离开则马5进7再炮8进2成马后炮杀），黑车欺负红车，从而保住底炮。

车八平六　马5进4　马七退八　车2进7

车六平七　车2退2　马三退一　炮8进3

一番兑换，红虽暂解燃眉之急，但马被逼往边隅，又缺一仕；黑则挟过河卒之优势步入残局。

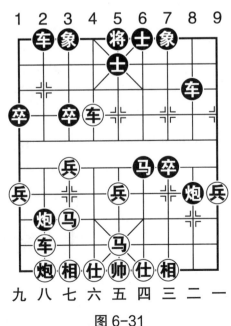

图6-31

三、以炮换士　双车逞威

如图6-32局势，现双方子力大体相当，局面也给人以风平浪静之感。但轮至走棋的红方却以棋手对局面的嗅觉发现了突破口，经过深思熟虑，突然发炮轰士。红先：

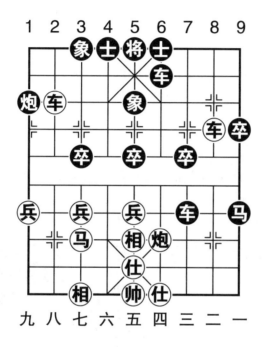

图 6-32

炮四进七！车6退1

红方为何敢以炮轰士？象棋谚语"缺士怕双车"说的正是这种黑士被红炮换掉后的危险局面。

黑必须退车吃炮，否则炮四平一，黑难以招架。但黑退车后露出下二路空当。

车二平六　车6进1

黑恐怕红进车塞象眼，因此抬车守住下二路。但黑想不到红还有"御驾亲征"之着。

帅五平六 车6平3

黑只能放弃唯一的士了。黑如士4进5，红车又要来塞象眼。

车六进三 将5进1 车六平二 车7平6 车二退一 车6退5 车二退五

红用顿挫让黑6路车退离红兵行线，再占领这条线并捉死黑马。

至此，红获大优局面。

四、炮声在东 利剑在西

如图6-33局势，轮至走棋的红方于较平稳的局面中净多一中兵，形成优越之感（实际上红方子力结构并不理想而且伏有隐患），于是漫不经心地用车吃掉黑边卒，还以为平安无事。红先：

车二平一？炮7进7！

黑弃炮轰相犹如晴空霹雳！但黑方的攻击点又在哪里呢？真让人琢磨不透。

相五退三 将5平4

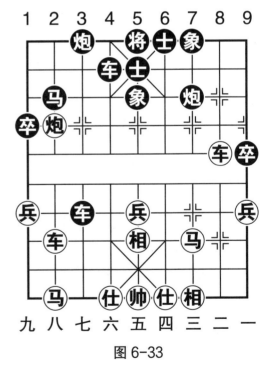

图6-33

原来，黑炮打掉红右相，却来攻击红左翼。现黑出将而以肋车胁士，红如接走仕四进五，则车3平2利用闷宫杀着捉红车，以下车八平七，车2退3，黑不但吃掉红炮，进而还要捉死红马。

马八进七 炮3进7

红不敢补仕，乃忍痛送还一马，但黑炮吃马后攻势未减，请看：

仕六进五 车3平1 车八退二 炮3平1

几个回合过去，红已成被动挨打之势。回顾当初黑弃炮轰相，确是构想大胆、计算严密的好棋！

五、双车任你挑吃

如图6-34局势，轮红方走棋。现黑方正以先弃后取的兑子手段向红方讨还一马——红黑河口马互咬而黑9路炮正攻红九路车，给人印象是红必须逃车，结果将是：车九退二，马6进4，车四进三，马4进5，相三进五，车8进8，仕四进五，炮2平1，黑反夺先手。

局势一定要向这个方向发展吗？不，红方决不甘心被动挨打。红方临局经认真思考，走出了令人惊愕的妙手。红先：

车四平八！

红边车不但不逃，还要再送上一个车——双车任你挑吃！

………… 车2平3

黑方为什么躲车？原来哪个车也不能吃：如炮9平1去车，则车八进八，士5退4，车八平六，将5进1，马六进四，黑势崩溃；又如车2进8吃红另一个车，则车九进二叫将，黑同样崩溃。

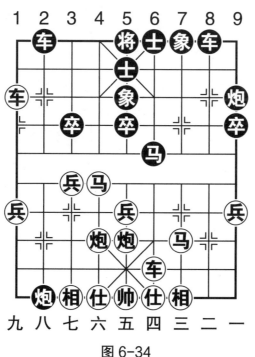

图 6-34

马六进四　炮 9 平 1　车八退一

兑子后红以一车双马双炮对黑双车一炮，红多一子，为胜局打下基础。

六、投身炮火　突破封锁

如图6-35局势，现轮红方走棋。红方虽有一炮镇中，但左车被黑炮封锁，右马正遭黑另一炮捉吃，看来很难有所作为。岂知红方胸有成竹，以肋车打一顿挫，在引黑右车离开底线之后突然投车炮火之中，强行攻坚。红先：

车四进五　车 1 进 2

面对红车塞象眼，黑不敢走炮 7 进 5 去马，否则红炮轰中象之后再走车八进二，红攻势将异常猛烈。

车四退四！炮 2 平 6

红方继进车塞象眼逼迫黑高车保象而露出底线漏洞之后，再退车河沿，在黑炮口下摧毁黑封锁链条，着法精妙已极！

黑方如不以炮去车而改走炮 2 退 3 防守，则马五进三，马 8 退 7，车四平七，炮 2 平 4，车八进九，炮 4 退 2，车七平六，马 7 进 5，车六进二，车 8 进 3，马三进四，红也是胜势。

车八进九　士 5 退 4

马五进三　象 5 退 3

前马进二　马 8 进 7

车八退三

红方运马抽将，借势谋得一子，奠定胜局。

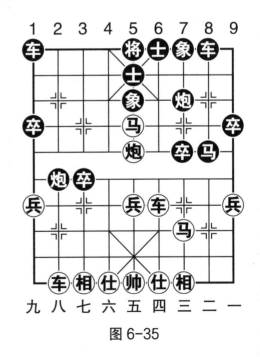

图 6-35

176

七、舍马铸成铁门闩

如图6-36局势，红已有炮镇中路之势，而黑则有 7 卒渡河和炮射红七路马之反扑。对此，红马应逃往窝心吗？不！红经过审时度势，不失时机地走出了舍马而抢出右车之着。红先：

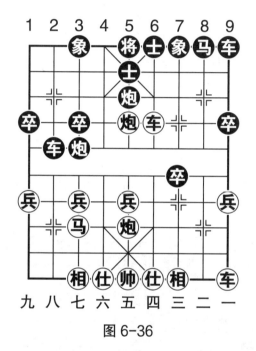

图 6-36

车一进一！马8进7　前炮退一　炮3进3　车一平六　炮5进1　车六进七！

以上，面对红铁门闩杀势，黑挺中炮阻隔红肋车左移，并准备走象 3 进 5固防中路，但红抢在黑补象之前伸车塞住象眼，从而控制了全局。

…………　车2退2　后炮平三　车2进2

炮三平五　车2退2　仕六进五　象7进5

黑如改走车9平8，则车四进二，象3进1，帅五平六，车2退2，车四退一，以下是"露将三把手"杀法。

后炮平三　炮5进3　炮三平五　马7进5　车四平五！

弃车砍马，果断而精彩！

………… 炮5退3　后炮进四　炮3平4　帅五平六　车9进2　车六退六

终成"铁门闩"，绝杀！

第五节　取势

取势是象棋技战术的一项主要内容。取势的作用是争来主动权。大家也可想见：自己只有在战斗中争来主动权，才有可能夺取优势，进而攻城拔寨；反之，若是让对手在争夺主动权的较量中压倒自己，使自己穷于招架保命，恐怕就什么也谈不到了。

一、兑子取势

如图6-37，红双车双炮迎战黑双车马炮，子力基本相当。红先：

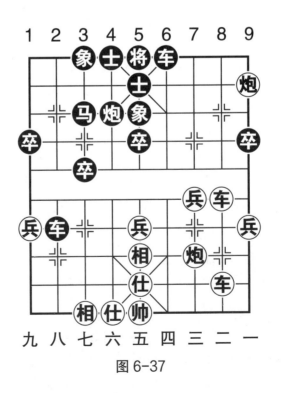

图 6-37

前车进五　车6平8　车二进八　士5退6　炮一进一

红通过兑掉一黑车，换来有车炮在黑底线随时抽吃黑子的大好局面。

二、运子取势

如图6-38，双方子力大体相当，但红炮镇中路，车锁将门，明显占优。问题是：黑马正捉红中炮，而黑炮死守将门，红该怎么办？对，红有借炮运马的招数。红先：

马九进八！　炮2平1

红强行跃马助攻。对此，黑若炮2进7去炮，则车六进八杀；又若马7进5去炮，则炮八进七，士5退4，车六进八，将5进1，车六退一杀。

马八进七　炮1平2

黑炮不得不回来，否则又是炮八进七。

马七进九

红运马象口，成绝杀！

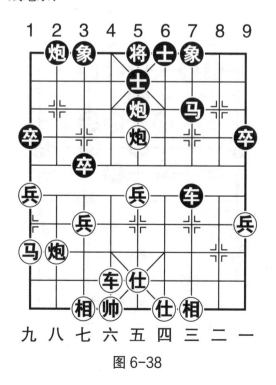

图 6-38

三、弃子取势

本局的弃子是从先弃兵开始的。

如图6-39，红已取得一定的空间优势，但车炮被黑车拴住。红有进攻良策吗？有。红先：

兵三进一！ 马6退4

红兵强行渡河，妙手。黑不敢卒7进1去兵，否则红马六进八弃子，以下车2进3，炮八平三，象3进5，炮三进四，象5退7，车八进三，红得车胜势。

炮八进一！ 象3进5

黑不得不补象，否则红炮八平五抽车。

兵三进一 炮4进2 兵七进一！ 炮4平8

红继三兵渡河又渡七兵，扩大战果。

兵三进一 炮6进2 马九进七

红夺回弃子，攻势不减，大优。

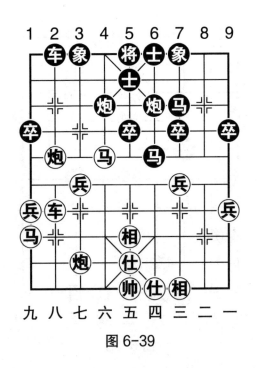

图 6-39

四、强渡

我们的兵力要杀入对方阵地，往往首先需要突破对方小卒组成的河口防线。

如图6-40，这局棋才走了 7 个回合。面对红中路炮火，黑虽然也构筑了防御工事，但却是"豆腐渣工程"。且看红突破黑河口防线的经过（红先）：

兵五进一！卒 5 进 1

红总攻从中兵舍身强渡开始。

黑不敢放任红中兵渡河后冲锋，只能吃兵。

炮八进三　马 4 进 3

没有红中兵牺牲，哪有红进炮打串？

炮八平五　士 4 进 5　车九平八　炮 2 平 3

马七进五

红两门大炮，炮口都瞄准黑九宫，再加上双车逞威、马跃盘头，不愁赢不了棋。

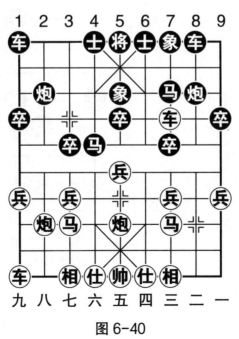

图 6-40

五、搏象

如果说以小卒为主组成的河口防线是一方的外围防线，象的防线就是九宫的第一道防线。不难想象，攻破象的防线就像踢开对方九宫城堡的大门一样厉害。

如图6-41，黑马正踏红车，红躲车吗？不。红应抓住战机进马踏象。红先：

马三进五！马1进3

马五进三　车4进3

黑若车8平7，红可炮四平五双杀制胜。

炮四平六！

平炮妙手，既堵黑将门，又亮己方老帅。黑眼看红车四进一杀将，却毫无办法。红胜。

如图6-42，有了前面的思路，此局红攻法应该不成问题。红先：

车二平六！车4进3

红先弃一车引黑车离开底线。黑若不理睬而走车8平6，则车六进三，将5平4，后炮平六，将4平5，车八进九杀。

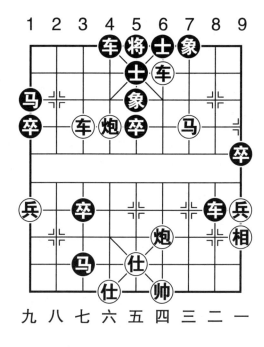

图 6-41

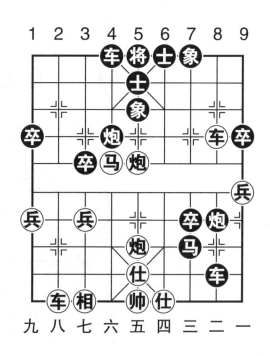

图 6-42

车八进九　车4退3　马六进五！

马踏中象，再弃一车。

…………　车4平2　帅五平六！　车2平4

老帅出征助攻，不怕照将，好棋。

马五退六　象7进5　后炮进五

重炮杀！

如图6-43，红先。红弃马搏象就行不通了，因黑有炮8平5照将抽马之着。但红有弃炮轰象的凶着：

炮五进五！象7退5　马四进五　车2进1

黑若车2平3保槽，红有炮八进三沉底的攻着，以下马3退2，车八进九，士5退4，车六进八，车3平4，马五进六，将5进1，车八退一，将5退1，马六退七，钓鱼马杀。

炮八平五　马3进5　车八进八

吃车，红胜定。

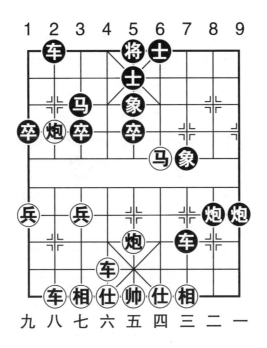

图 6-43

183

六、破士

士是老将的卫士，也是九宫的第二道防线，以强攻或奇袭的手段破士，使老将处于风雨飘摇之中，也是很实用的进攻战术。

如图6-44，黑以双车炮对红双车马，黑虽子力位置较好，且多一卒，但给人的印象却是距离胜利还很遥远。其实，黑若掌握破士战术，胜来则不需几着。黑先：

………… 炮3进4!

绊马腿，迫红补仕。

仕六进五　炮3平5!

发炮轰中仕，其名"猛虎掏心"。

车八进三　炮5平2

红若仕四进五去炮，则车8进4，仕五退四，车4平6，双车夺仕，黑胜。现红连车造成丢马，红也输定。

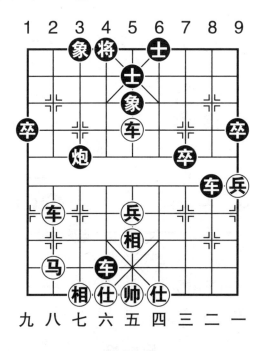

图6-44

如图6-45，黑先。黑以双车马炮对红双车双炮，虽说已捉死红七路炮，却不敢吃，因为红九路车和三路炮连续照将也使黑后防十分危险。黑应怎样争时抢速呢？唯有骏马亮掌踢仕：

………… 马3进5！

车九进三　将4进1

炮三进一　炮6退1

仕六进五　车2进1！

切莫车2平3吃炮，否则车九退九守住底相，红反败为胜。

仕五进六　车2平3

帅五进一　车4进3

要双车错，红无解，黑胜。

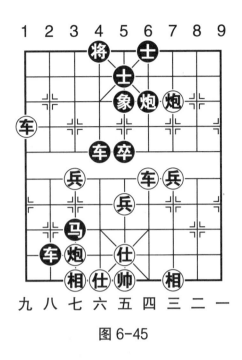

图 6-45

如图6-46，黑正策马去兑红中炮，而红双车一马却处于黑士象背面，红似乎难有进招机会，但这只是表面现象。红先：

车四进三！

弃车杀士，突如其来！

………… 将5平6

马三进五　炮3进1

马五退三　炮3平7

车二平三　将6进1

车三退二

尽管黑用炮阻拦，红仍将"侧面虎"杀法用于实战。以下黑若接走后车进3，则车三进一，将6退1，车三进一，红胜。

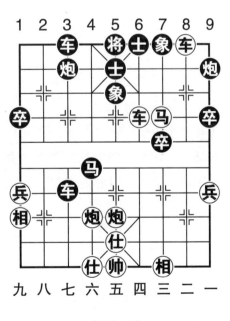

图 6-46

[习题]

【第1题】 如图6-47，红黑各有双炮一马进行决战，轮黑走棋。黑走炮5平9可成马后炮绝杀吗？不成，红还有马五退三解杀之着。黑怎么办？

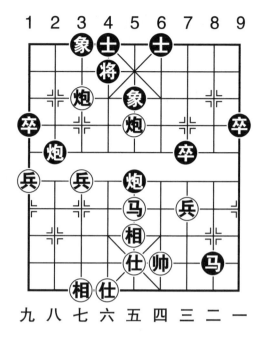

图 6-47

【第2题】 如图6-48，双方六大子俱在，红虽有沉底炮，但黑防守似乎也很严密，且黑左车正捉红马。对轮至走棋的红方来说，有运用运子战术的取胜之道吗？

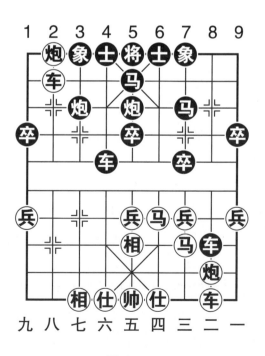

图 6-48

【第3题】　如图6-49，双方处于对攻状态，但红马刚一过河便被黑车扳住。现轮至红走棋，红应怎样进攻？

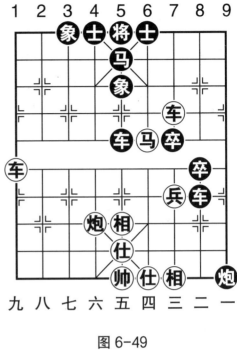

图 6-49

【第4题】　如图6-50，红先。粗粗一看，黑防守十分严密，若无深邃的目光，便难发现黑阵中的漏洞。红应怎样进攻？

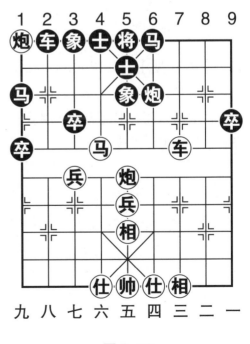

图 6-50

【第 5 题】 如图6-51,黑先。红左翼明显薄弱,黑应抓住这个机会。黑应怎样反击?

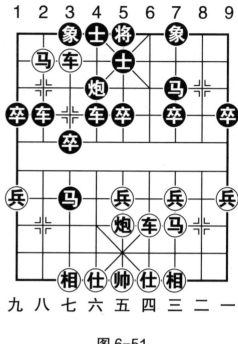

图 6-51

【第 6 题】 如图6-52,红先。好多棋,不见得一进攻就能把对方的老将杀死,但能为胜利创造条件。红应怎样进攻?

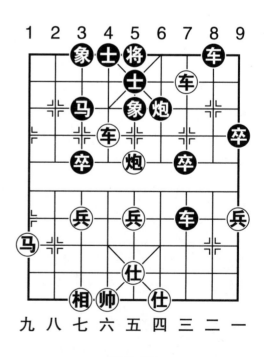

图 6-52

[解答]

【第1题】 兑掉红中马即可形成马后炮绝杀之势：炮2平5，炮五退二，炮5进2，炮五平二，马8退7，帅四退一，马7进8，帅四进一，炮5平9，绝杀。

【第2题】 红可针对黑窝心马的弱点运炮袭击：炮二平六！车8平7，炮六进八，炮5进4，仕六进五，马5进6，车二进八，士6进5，车二平五，马7退5，炮六退一杀。

【第3题】 红可弃车以引离黑中车：车九进一！车5平1，马四进六，马5进7，马六进七，将5进1，车三进一，将5平4，车三进一，士4进5，马七退六，车1平4，马六进八，双将杀。

【第4题】 弃子搏象：炮九平七，车2平3，马六进五，马6进5，车三进四，炮6退2，仕四进五，下有帅五平四铁门闩杀着，黑无解。

【第5题】 弃车杀仕：车4进6，帅五平六，马3进2，帅六进一（若帅六平五，则马2退4，帅五进一，车2进5杀），马2退4，帅六进一，车2平4，闷杀。

【第6题】 弃车杀士：车六进三，马3退4，车三平五，将5平6，车五进一，将6进1，车五平二，马4进3，车二退一，将6退1，车二退一，车7平6，马九进八，红大占优势。

第七章 复盘

    在对局之后，弈者或观战者根据记录和回忆，用棋盘、棋子将对局的全过程摆出来，这就是复盘。在复盘过程中，弈者或观战者将回复每一着棋是出于怎样的想法，演变出实战中没有弈出的种种变化，分析双方着法的优劣得失。复盘，可以从对局实践中总结经验，吸取教训，获得对棋局新的认识，从而提高棋艺水平。

    有些学棋者下棋能"上瘾"，但不重视复盘，因而不能"吃一堑，长一智"，水平自然难以提高。与之相反，高水平的棋手每下完一盘棋，都忘不了复盘；不论输棋赢棋，都能认真地反省自己的每一处不足，都能注意学习对方的长处。有些高手在输棋之后，还特地将自己输棋的经过，以"自战解说"的形式发表在报刊上，用以鞭策自己，告诫同好，启示来人。这种做法无疑给我们树立了学习的榜样。

    下面三则"自战解说"分别摘自不同刊物，作者都是我国著名的象棋大师。希望大家不仅从中学习他们高超的棋艺，也学习他们认真总结、虚心好学、不懈追求的进取精神。

    附带说一下，本书在转载时，不再附对局者和解说者的姓名，同时为使大家阅读方便，增加了一些棋图，文字上也略有改动。

第1局　红先负

·红方自战解说·

1.炮二平五　马8进7　2.马二进三　车9平8　3.车一平二　卒7进1

4.车二进六　马2进3　5.兵七进一　士4进5　6.马八进七　象3进5

黑方上士象，意图走成"弃马取势"局。

7.炮八平九

红方如走车二平三压马，则炮2进4，兵三进一，卒7进1，车三进一（车三退二，马7进8，黑方满意），卒7进1，马三退五，炮8进7，形成红方多子、黑方得势的局面，互有顾忌。

7.………　炮2进4　8.车九平八　炮2平3？（图7-1）

这是一步有疑问的棋。黑方宜走炮2平7打兵，以下相三进一，车1平4，兵五进一，炮8平9，车二进三，马7退8，车八进三，炮9平7，局势平稳。

9.兵五进一　车1平4　10.车八进三　炮3进3

红方高车捉炮，放弃底相，抢先之着。

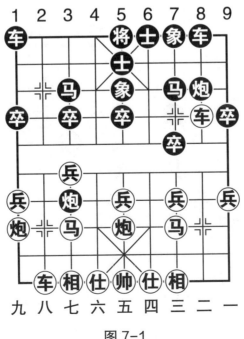

图 7-1

黑方如走车 4 进 6 保炮，则马七退五，将 5 平 4，炮九退二，黑方过河车炮被红车拴住，显处劣势。

11. 仕六进五　炮 3 平 1　（图 7-2）

12. 马七进五？

弈至此，我过于乐观，对黑方存在的反击全然无警觉。这步随手进中马，是步不明显的败着，应走兵五进一径冲中兵，红方前景乐观（详见后面分析）。

12. …………　马 7 进 6

13. 兵五进一　（图 7-3）　炮 8 平 7!

14. 车二平三　车 8 进 3!

黑方连续两次献车，确实是妙，令我措手不及！现红方已难应付。

15. 车三平二　炮 7 进 4

16. 仕五进六　炮 7 平 2

17. 兵五平四　车 4 进 7

18. 炮九平七　将 5 平 4

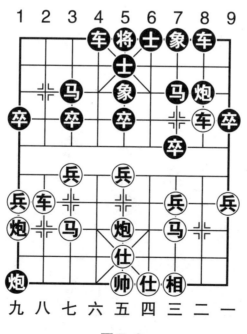

图 7-2

19. 炮五进四　马 3 进 5

20. 车二平五　炮 2 进 3

21. 帅五进一　炮 2 退 1

以上，黑方车双炮三子归边，形成强大的攻势。至此已构成绝杀。我主动认负。

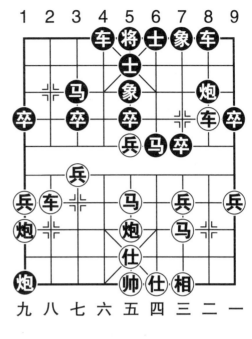

图 7-3

弈完后，我反复拆棋寻找输棋的原因，终于发现，第 12 回合红方应径走兵五进一献中兵以开通马路，这样在对攻速度上红方将快于黑方。接图 7-2：

12. 兵五进一　卒 5 进 1

13. 马七进五　卒 5 进 1

14. 炮五进二　马 7 进 6

15. 炮五平二

黑方左马盘河，伏有炮 8 平 7 的先弃后取战术手段。对此，红方平炮牵制黑方 8 路车炮，着法强劲有力。

15. ………　炮 8 平 7

如改走马 6 进 5 兑马，则马三进五，黑方 8 路炮被拉死。

16. 炮二进五　炮 7 进 4　　17. 仕五进六　炮 7 平 2

18. 马五进四　车 4 进 7　　19. 车二平六！车 4 平 1

20. 马四进五　士 5 进 6　　21. 帅五平六　将 5 进 1

22. 车六进二！将 5 进 1　　23. 马三进四　士 6 退 5

24. 马四进三　将 5 平 6　　25. 车六退五　炮 2 进 3

26. 帅六进一　车 1 进 1　　27. 帅六进一　车 1 平 6

28. 车六平二（红胜定）

通过解析本局，我对"布局时走子顺序不可颠倒"这一棋理进一步加深了理解。

第2局　红先胜

·黑方自战解说·

1.相三进五　象7进5

红起手飞相，我应以飞左象变例，这是赛前想好的方案。

2.兵三进一

红抢挺三兵，弈来不假思索，显得信心满怀。如选择进七兵，很有可能变化成：卒7进1，马八进七，马8进7，车九进一，马2进1，车九平四，车1进1，车四进三，车9进1。至此，红如炮二平四，则炮8退2，以后车9平8开出，黑势不错；又如改走马二进三，则车9平6，兑车后黑也满意。

2.………　卒3进1　3.马八进九　马2进3

4.炮八平六（图7-4）

主动炮平仕角。行棋的细微处，很有讲究：如先走马二进三，马8进7，车九进一，黑就可能考虑进1路卒活通右车的变化，届时先手方就无趣了。

4.………　　炮8进2

读者可能会提出疑问：此时为什么不出右车呢？因为如车1平2，车九平

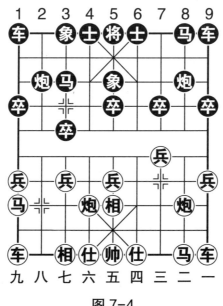

图 7-4

八，炮 2 进 4，马二进三，黑炮虽封住

红车，但左翼强子难以妥善安置。

　　5.马二进三　马 8 进 7

　　6.车九进一　车 1 进 1

　　7.车九平四！（图7-5）车 9 进 1

　　红左车平四过宫，控制要线，正

着。如急于活通左马而改走兵七进一，

则卒 3 进 1，车九平七，马 3 进 2，车

七进三，车 9 进 1，黑伏平车邀兑的手

段，双方平先。

　　8.仕四进五　车 1 平 6

　　9.车一平四　车 6 进 7

　　10.车四进一　马 3 进 4

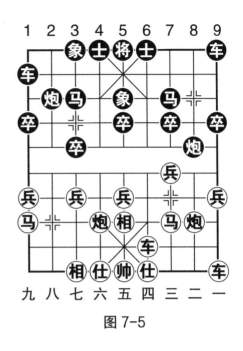

图 7-5

布局至此，完全弈成赛前预测的一路变化。赛前的结论是：双方均势。

　　11.兵五进一！（图7-6）

　　面对黑方跃马河口，红沉思了十来分钟，走了这一着关系到红方局势发展

的好棋。赛前，我也考虑过此着，感觉

并不可怕，也就没有解拆下去，而是着

重研究了红进边兵的变化。

　　11.…………　炮 2 平 1？

　　平边炮乃是对形势认识不清，同时

也与自己的战略思想自相矛盾。一个月

以后，重新研讨这局棋时，才发觉黑应

走卒 7 进 1 兑兵，以下兵三进一，象 5

进 7，炮二退二（如改走车四进二，象

7 退 5，形成互牵，黑可抗衡），炮 8 退

4，炮二平三，炮 8 平 7，马三进二，象

7 退 5，炮三进九，象 5 退 7，兑炮后局

面平稳。

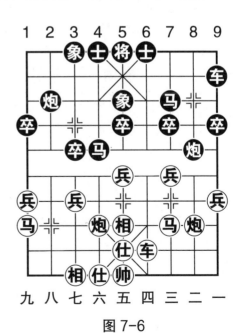

图 7-6

12. 车四进二　卒 1 进 1

13. 车四平六　马 4 退 3

14. 车六进三　（图7-7）炮 8 退 1？

炮退卒线，看似巧妙，实则一缓再缓。惟有改走炮 1 进 4 打兵，黑方还有一点反击。临场我也想过这路变化，当时计算是这样的：炮 1 进 4 打兵，然后车六平七，马 3 退 2，炮六进五，至此，我以为难下。其实可接走马 2 进 1，车七平八，车 9 平 7，黑有周旋余地。

15. 车六平七！马 3 退 2

16. 车七平八！马 2 进 3

17. 兵七进一！（图7-8）

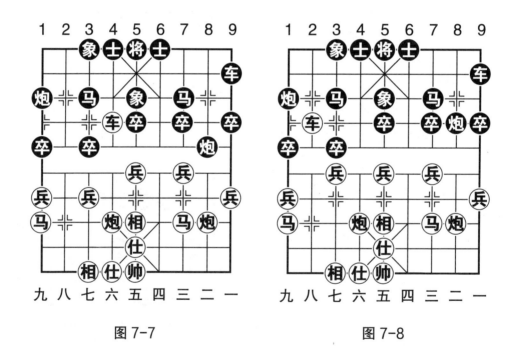

图 7-7　　　　　　　　　图 7-8

对方抓住我的连续坏棋，经过平车胁马将车调至良好的八路线，待时机成熟果断进兵邀兑，解决了全局唯一的弱点，同时也使黑退炮计划落空。

至此，红方先手已得到扩大。

17. …………　卒 3 进 1

18. 车八平七　马 3 退 1

19.车七退二　车9平4

黑平车跟炮，已是首尾不能兼顾。如改走车9平6，则炮六进五吊马，黑也难走。

20.马三进四　炮1进1

21.车七进二　炮1进3

22.车七退三　炮1退1

23.马四进三　车4进4

24.车七平四！（图7-9）

黑因先前用时较多，现已无暇细考，只是见子打子；反之，红方着着紧凑，现左车右移，对准黑左翼的弱点强行进攻。红方已胜利在望了。

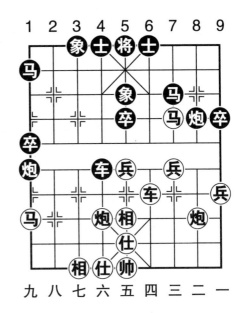

图 7-9

24.………… 士6进5

25.车四进五　炮8进3

26.马三进一！炮8平7

27.炮二进四　马7进8

28.兵三进一！象5进7

29.车四退二　炮1平5

30.帅五平四　马1进3

31.相五进三！（图7-10）

末尾一段，红方入局十分精彩。眼见回天无力，我停钟认负。

纵观全局，我之所以失败，对布局缺乏理解乃是主要因素，加之临场心神不定等等。痛定思痛以后，我决心把这次失败引为一次有益的教训，而在以后漫长的棋艺生涯中奋力拼搏，以不辜负广大棋迷对我的厚望。

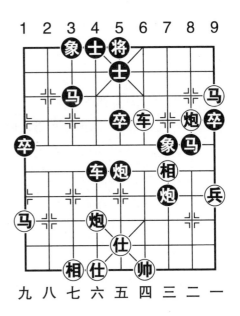

图 7-10

第3局　红先负

·名人观战解说·

在名手对局中，我们可以见到无数引人入胜的激战场面和种种出人意料的良策妙着，这将十分有助于象棋爱好者开阔眼界、拓展思路。

这是2018年"高港杯"青年大师赛第六轮的对局，这盘棋可以说直接决定本次比赛的冠军归属。

1.炮八平五　马2进3

2.马八进七　车1平2

3.车九平八　马8进7

4.兵七进一　卒7进1

5.马二进一　卒9进1

6.车一进一　卒9进1

7.兵一进一　车9进5

8.炮五平三　（图7-11）

卸中炮是红喜爱的走法，如按照常规走炮二平三或车一平四，则局势平稳易和。此时主动求变也符合当前积分形势的需要。

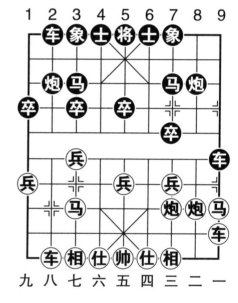

图 7-11

8.…………　炮8平9

平炮是未曾出现过的下法，以往多走马7进8，以下炮二进五，炮2平8，车八进九，马3退2，相七进五，象3进5，车一平八，马2进3，炮三退一，车9平6，局势平稳。

9.车一平四　马7进8

10.车八进六　象3进5

11.炮二退二

相持局面下红方先沉不住气了，此时退炮造成丢相，损失过大。应改走相七进五，红方尚可保持先行之利。

11. ·········· 炮9进5　12.相三进一　车9进2

13.炮三平五　炮2退1

退炮暗伏反击，迫使红方表态。

14.车四进七 （图7-12）

进车似乎是理所当然的，但是交换之后帮助黑方补棋，局势更加不利。此时冷静点还是应仕四进五忍耐。

14. ·········· 士4进5

15.车四退五　炮2平4

16.车八进三　马3退2

17.兵五进一

可能忽略了黑方点相眼的手段，走马七进六效果要好于实战。

17. ·········· 炮4进7

18.马七进六　车9退2

19.车四平五　马2进1

进马稍缓，可以考虑车9进4，炮二进一，炮4平7，黑方抢攻在先。

20.马六进五

踩中卒似乎无可厚非，但是被黑炮右移之后攻势太过猛烈，还是应先仕六进五。

20. ·········· 炮4平7

21.炮五平二　马8进9（图7-13）

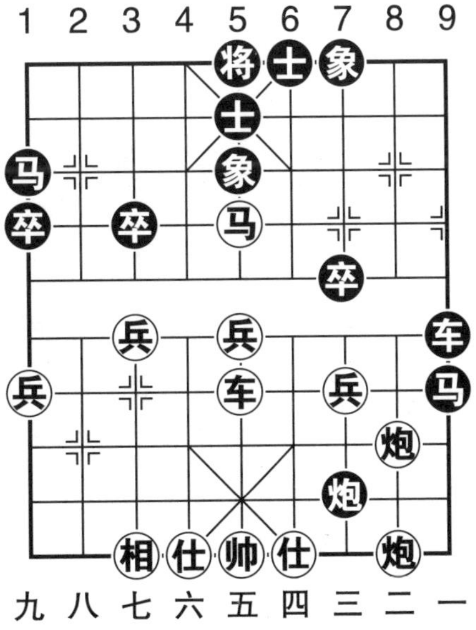

22.仕四进五

黑刚才应改走车9进2，以下后炮进五，车9平8，炮二平一，炮7平9，黑优。

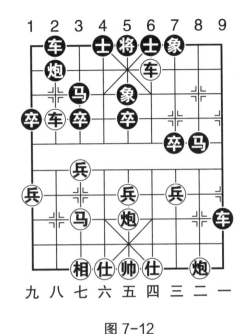

图 7-12

图 7-13

如图7-13形势，此时红方有不易察觉的好棋，可以阻止黑方的攻势，即前炮进一，以下炮7平9，后炮进二，炮9进1，仕四进五，黑方攻势受阻。

22.………… 炮7平9 　23.后炮平一 　车9平8

24.炮一进三 　车8进2 　25.马五进三

错过刚才的机会之后，红方已经难以防守了，此时进马导致速败。

25.………… 车8进2 　26.仕五退四 　炮9进1

27.帅五进一 　车8退1 　28.帅五进一 　车8退2

29.炮一进六 　炮9退3

（图7-14）

以上一段，黑方的战术组合极为流畅。如图7-14，最后一手退炮，下伏车8进1的手段，红方无法阻止黑方得车，只好认输。

这盘棋红方志在争胜，开局主动弃相挑起战火，但构思不够成熟，弃相并没有得到实质性的回报，局势落入下风。黑方在争得优势之后，一直牢牢掌控局面。红方错过了前炮进一的巧手，此后再也没有明显的机会。黑方此局胜得十分精彩，体现了强大的控制力。

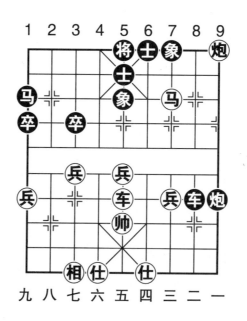

图7-14